MEMOIRES

DU MARQUIS DE ✳✳✳

TOME VI.

MEMOIRES
ET
AVANTURES
D'UN HOMME
DE QUALITÉ,

Qui s'est retiré du monde.

TOME SIXIE´ME.

A AMSTERDAM,
Aux dépens de la COMPAGNIE.

MDCCXXXI.

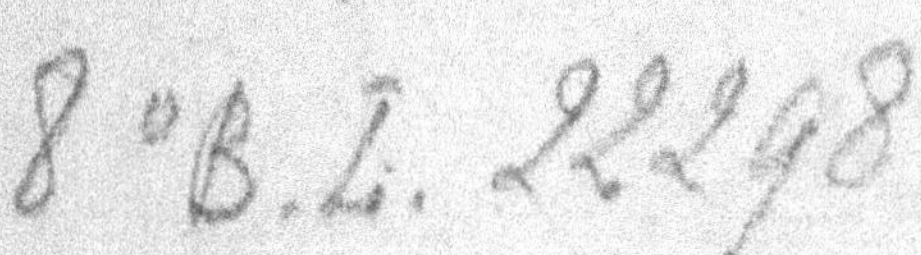

SUITE
ET
CONCLUSION
DES
MEMOIRES

D'un homme de Qualité qui s'est retiré du monde.

QUATRIEME LIVRE.

L'Heureuse fin de cette avanture me fit benir le Ciel, qui sembloit en avoir pris lui-même la conduite. J'employai quelques jours à régler avec Amulem l'ordre de notre voyage d'Allemagne. Il étoit absolument déterminé à partir avant l'hiver; mais n'ayant pas vû Paris il eût envie d'y aller passer quelques semaines avant notre départ. Ce-

la pouvoit s'accorder fi bien avec
les mefures que j'avois prifes avec
Mr. le Duc, que loin de l'en detourner je lui promis de l'y conduire. Nous y arrivâmes dans le
tems où il devoit paroitre le plus
brillant aux étrangers. C'étoit dans
la chaleur des Actions du Miciffi-
pi. Le fafte & la magnificence
fembloient répanduës dans toutes les conditions. L'argent &
l'or rouloient avec profufion, comme s'ils fe fuffent échapez de la
captivité dans laquelle on les tient
ordinairement. Les habits, les
équipages, les dépenfes exceffives
du jeu & les fêtes continuelles dé-
couvroient l'opulence du Royaume; ou s'il eft permis de s'exprimer fincerement, trahiffoient plutôt fa foibleffe interieure; puifque
toutes fes forces s'épuifoient fol-
lement au dehors. Amulem fut
frapé de cet éclat. Ses préjugez
Turcs ne l'empecherent pas de
convenir, que Paris l'emportoit fur
Conftantinople. Nous nous lo-
geames dans la ruë neuve des Petits Champs, & ce ne fut pas fans
peine

peine que nous nous procurames
un logement commode. Nous
en eûmes même beaucoup à louër
un carroſſe de remiſe, tant il ſe
trouvoit de perſonnes qui n'étoient
pas diſpoſées plus que nous à marcher à pied. Tous les jours on
nous apprenoit quelque nouveau
prodige de fortune en faveur des
plus vils & des plus miſerables.
C'étoit le célebre Mr. Law qui
donnoit le branle à la rouë. Je
me procurai le plaiſir de le voir,
étant introduit par quelques Anglois que j'avois connus à Londres & qui ſe trouvoient alors
à Paris. Cet homme occupé de
tant d'affaires importantes n'en a-
voit pas l'eſprit moins libre, ni
l'humeur plus éloignée du plaiſir.
Sa femme qu'on prétendoit n'être
pas l'unique, étoit une créature
enjouée qui vivoit fort familierement avec Mr. l'Abbé du Bois,
ſans que le Mari parût les contraindre, de ſorte que nous ayant
invitez le ſoir à ſouper, je fus ſurpris d'y trouver auſſi cet Abbé. Il
me reconnut tout d'un coup. Com-
A 2

me

me il ignoroit que j'euſſe quitté
Paris après l'avoir vû cinq ou ſix
ſemaines auparavant, il me fit des
reproches honnêtes de ce que je
l'avois ſi fort negligé ; il étoit trop
agréablement occupé du voiſina-
ge de Madame Law pour lier à
table une converſation ſérieuſe
avec moi, mais il me fit promettre que je lui rendrois le lendemain
une nouvelle viſite. La joye &
le badinage regnerent dans ce repas. Mr. Law y dit mille jolies
choſes : on n'y fit nulle mention
de Syſtéme , quoique je ſouhai-
taſſe extrémement que le diſcours
pût tomber ſur ce ſujet : on n'y
parla que des ſévéritez de la Chambre de Juſtice & de la frayeur
qu'elles avoient repanduë parmi
toutes les perſonnes intereſſées
dans les revenus du Roi. Mr.
Paparel Treſorier général de l'extraordinaire des guerres , avoit
été condamné à mort quelques
jours auparavant, & l'on ne ſçavoit point ce qu'on devoit penſer
du délai que S. A. R. avoit fait apporter à l'execution de ſa ſenten-
ce.

ce. Comme on n'épargne guéres les condamnez, le pauvre Paparel ne fut point ménagé par Mr. Law & Mr. L'Abbé du Bois. Ils nous raconterent quelques friponneries de ce malheureux, qui seroient horribles si elles étoient vraies. Ce qui est certain, c'est que s'il avoit l'ame avare & corrompuë, il n'avoit pas l'imagination moins déreglée; il mériteroit de mourir nous dit l'Abbé du Bois, ne fut-ce que pour purger le genre humain d'un monstre qui le deshonore; on assure que sa nourriture la plus exquise est l'excrement du premier venu. Je n'entendis pas d'abord le sens de cette expression; on m'éclaircit en m'apprenant que Mr. Paparel mangeoit communement le produit des nécessitez naturelles; qu'il portoit même toujours avec lui une petite culiere qui lui servoit à cet usage, & qu'il lui étoit arrivé plus d'une fois en voyant un laquais de bonne santé, de l'arrêter & de l'engager à prix d'argent à lui faire quelques morceaux de cette

A 3

hor-

horrible viande. Ce déréglement
de goût me parût ſi étrange, que
je n'oſerois le rapporter comme
une vérité, ſi les aſſurances qu'on
m'en donna n'euſſent été aſſez fortes pour me convaincre. Mr. Law
ſe retira vers minuit ſous prétexte
d'une affaire d'importance, qu'il
devoit expedier avant ſon ſommeil.
Je ſortis auſſi peu à près avec les
deux Anglois qui m'avoient pro-
curé ſa connoiſſance. Comme
ils demeuroient dans le même quar-
tier que moi, nous nous entretin-
mes en chemin de la prodigieuſe
fortune de Mr. Law, & de l'induſtrie avec laquelle il s'y étoit
élevé. Mr. Stepney qui étoit celui
des deux qui le connoiſſoit le plus
particulierement, me raconta quelques traits de ſa vie, qui méri-
tent d'être rapportez. Mr. Law,
me dit-il, eſt Ecoſſois, & né d'une
honnête famille. Il a eu dès ſa
premiére jeuneſſe l'eſprit propre
au Commerce & aux affaires. Ses
parens le mirent de honne heure
dans un Comtoir ; on n'a pas ſçû
ſur quels fonds il y amaſſa une
ſom-

somme confiderable , qui le mit en état de se passer du secours de sa famille. J'ai connu , me dit Mr. Stepney , le Marchand chez qui il étoit à Edimbourg. Je l'ai entendu se loüer beaucoup de sa sagesse & de sa fidelité. Il prit le chemin de Bristol avec son argent & des recommandations qui lui firent trouver une place plus con-siderable que celle qu'il venoit d'occuper ; on le fit Commis en chef du bureau de la Jamaïque. Son affiduité & son esprit lui attirerent la confiance de tous les Marchands. Cependant soit qu'il se fût dégui-sé jusqu'alors par hipocrisie , soit que sa vertu fût seduite par les grosses sommes qui lui passioient entre les mains , on découvrit dans ses comptes quelques erreurs de calcul qui commencerent à le ren-dre suspect. Les Marchands An-glois veulent de l'exactitude ; on l'examina de près , il s'en apper-çut , voici le stratagéme dont il usa pour se mettre à couvert. Il avoit fait une connoissance intime avec le Commis d'un autre bureau

A 4

con-

confiderable, qui n'étoit pas plus fidelle que lui : ils s'accorderent ensemble pour fe foutenir, & pour tromper à coup fûr. Lorfque l'un des deux étoit obligé de rendre fes comptes, il avoit recours à l'autre dont il tiroit autant d'argent qu'il en manquoit dans fa caiffe, & fe rendant ainfi alternativement le même fervice, ils fe trouvoient toujours en état de fouffrir l'examen le plus rigoureux, quelques fommes qu'ils euffent pû detourner du depôt qui étoit entre leurs mains. Ils employoient pendant ce tems là ce qu'ils avoient dérobé, & le faifoient valoir à leur profit particulier. Quoique ce Syftême fût des mieux concertez, il ne put tromper tout à fait la vigilance des intereffez. On s'étonnoit des groffes entreprifes qu'on voyoit faire tous les jours à Mr. Law, & l'on ne comprenoit point fur quel fonds elles étoient appuyées. Les foubçons devinrent fi forts qu'ils ne purent lui être cachez. C'étoit une affaire à le décrediter pour toujours. Il refolut

folut de fe tirer d'inquiétude, & il y réuffit par une trahi on qui perdit fon affocié. Feignant d'être obligé de rendre fes comptes, il le pria de lui fournir fuivant leur convention la fomme dont il avoit befoin pour remplir fa caiffe. Il la reçût, mais ce fut dans le deffein de ne la pas rendre. L'autre qui ne s'attendoit à rien moins lui redemanda fon argent peu de jours après. Mr. Law contrefit l'étonné, comme s'il n'eût rien compris à ce difcours, & fe voyant trop preffé il fit un éclat qui couvrit ce malheureux de confufion, & qui l'obligea à fe fauver pour éviter le châtiment. Les plus éclairez entrevirent une partie de la vérité, mais il eût été dangereux d'attaquer Mr. Law fans le pouvoir convaincre. Cependant cette avanture lui ayant fait perdre quelque chofe de fon credit, elle le détermina à quitter Briftol pour aller à Londres. Il ne s'y borna point à prendre foin des affaires d'autrui, il commençoit à être affez riche pour être occupé feule-

ment

ment des fiennes. Je ne doute point, continua Mr. Stepney, qu'il ne fût devenu en peu de tems un des plus opulens particuliers d'Angleterre, fi l'amour ne l'eût rendu la duppe de deux femmes qui l'ont prefque conduit à fa ruine. La premiére fut Mylady . . . cette Dame étoit une coquette fiefféé, qui avoit ruiné déjà vingt amans à Londres, & qui étoit auffi connuë par fes débauches que par fa beauté. Mr. Law eut le malheur de la voir & de la trouver aimable. Elle en fut informée avant même qu'il eût eû la hardieffe de lui déclarer fa paffion & elle forma le projet de le dépouiller. Il étoit novice en amour, quoiqu'il le fût fi peu pour les affaires. Il ne connoiffoit pas mieux les maniéres du monde poli, aiant toujours vecû dans la pouffiere d'un comptoir, & d'un bureau. Ce fut par cet endroit que Mylady le prit d'abord. A peine lui eut-il exprimé quelque chofe de fes fentimens, qu'elle fçût lui faire entendre avec adreffe, que l'unique
que

que chose qui lui manquoit pour plaire étoit de mettre quelque reforme dans ses maniéres pour être un peu plus au goût du monde. Il comprit de quoi il étoit question, mais il l'executa mal. Au lieu de s'accoutumer par degrez aux airs de la Cour, il se crut capable de les prendre tout d'un coup ; dans l'espace de peu de jours on le vit changé en petit maitre. Cet excès fit pitié à ceux qui le connoissoient, & le rendit ridicule aux yeux de quantité de personnes qui sentirent le contraste de sa parure & de ses maniéres. Cependant comme il est homme d'esprit & d'un caractére souple & pliant, il atteignit peu à peu au degré qu'il falloit pour être reçû chez Mylady… c'est la seule obligation qu'il ait à cette Dame, d'avoir ainsi contribué à le polir & à le former pour le monde. Les autres leçons qu'il reçût d'elle ne lui furent pas si utiles : elle l'engagea dans des dépenses si excessives, qu'il s'apperçut en peu de tems de la diminution de ses especes : & ce qu'il y

A 6

eût

eût de plus chagrinant pour lui fut
que la Dame n'eût pas plutôt remarqué que la source de ses liberalitez tarissoit, qu'elle le fit prier
de ne plus mettre le pied chez elle. Cette disgrace le toucha si vivement, qu'elle l'empêcha de sentir la perte d'une partie de son bien.
Ses amis qui le voyoient si tendre lui proposerent de se satisfaire à moins de frais, c'est-à-dire,
de suivre l'usage de Londres, en
se donnant une jolie Maitresse,
qu'il entretiendroit à petit bruit,
& sur laquelle il auroit un empire absolu. Ce conseil fut de son
goût. On lui en procura une
fort aimable, avec laquelle il vê-
cut content pendant quelques
mois ; mais il étoit destiné à payer
toujours cher les plaisirs de l'a-
mour. Sa Maitresse étoit une fri-
ponne, qui disparut un jour en
lui emportant trois mille guinées
& quantité de bijoux. Des pertes si considerables dérangerent beaucoup ses affaires ; toute son a-
dresse ne pût les réparer parfaitement. Les airs de Cour qu'il a-
voit

voit pris avec Mylady ... lui ôterent le goût du Commerce. Il se livra au jeu : on sçait qu'elle vie les joueurs menent. Tantôt ils possedoit des sommes immenses qui lui faisoient prendre un essor fort au dessus de son origine ; tantôt il étoit sans un morceau de pain. Je lui ai vû pendant trois mois, continua Mr. Stepney, un carrosse à six chevaux, une maison de campagne, & un hôtel superbe à la ville. Cette faveur de la fortune ne dura guéres. Le Colonel Chartris le ruina dans une soirée, comme il a ruiné depuis le Duc de Warton & quantité d'autres jeunes gens. Mr. Law se mit ensuite dans les projets ; c'est-à-dire, qu'il formoit des plans de Compagnies & d'Associations pour le commerce ; & qu'il tachoit de les faire goûter aux Marchands. Il inventoit des Machines pour rendre plus faciles ou pour abreger les grandes entreprises ; telle fut celle dont l'execution se trouva si heureuse pour netoyer les étangs, les canaux, & les bassins

qui

qui fervent à la conftruction des vaiffeaux. Il fut le premier qui fit naitre à Mylord Duc de Montague le deffein d'une nouvelle plantation dans l'Ifle de fainte Lucie ; entreprife qui a couté à ce Seigneur la moitié de fon bien, & qui a échoué à la fin malheureufement. Enfin il fe foutenoit honnêtement par les feules reffourees que lui fourniffoit fon genie, lorfque la fortune l'a appellé en France, & lui a ouvert le chemin de la faveur & de la toute puiffance auprès de Monfeigneur le Duc Regent. Il conferve toujours, ajouta Mr. Stepney, une forte inclination pour les femmes, il a le cœur bon & tendre ; de forte que fes liberalitez fe répandent à pleines mains fur le beau fexe. Il s'eft fait amener de Londres pour fon délaffement après les affaires quelques belles Angloifes, qu'il entretient à Paris, à peu près comme les Seigneurs François qui aiment les chiens & les chevaux les font venir d'Angleterre.

J'étois fi plein de l'idée de Mr. Law

Law en quittant Mr. Stepney, que je le vis en fonge pendant la nuit, mais je le vis dans une fituation que je ne lui aurois pas fait plaifir de lui dire, & qu'il n'auroit peut-être pas cru devoir appchender. Il me fembla que S. A. R. le mettoit hors de fon appartement par les épaules, & qu'étant enfuite abandonné de tout le monde il alloit chercher du pain hors du Royaume après l'y avoir ôté à tant d'autres.

Le Lendemain je fis ma vifite à Mr. l'Abbé du Bois. C'étoit un autre Avanturier dont la morale ne valoit guéres mieux que celle de Mr. Law. J'avoüe que rien ne m'a jamais donné tant de mépris pour les biens de la fortune que de les voir accordez avec tant de profufion à des perfonnes de ce caractére. C'eft une réflexion que j'ai fait mille fois en ma vie, & qui fe renouvelloit alors à tous momens, en voyant tant de miferables arriver tout d'un coup à l'extréme opulence. Seroit-il poffible, difois-je, que la Providence

dence mît en de telles mains ce qu'elle eftime? Non, les biens de ces gens-là font auffi vils que leurs perfonnes. Je ne mets pas néantmoins abfolument dans ce rang Mr. l'Abbé du Bois. Il avoit affez d'efprit & de fçavoir vivre pour être diftingué de la foule. La vifite que je lui rendis fut beaucoup plus familiére que la précedente. Il me rapporta des chofes incroyables de l'affection dont S. A. R. l'honoroit & de la confiance qu'il prenoit en lui. La fuite de fa vie les a juftifiées. Comme il avoit été précepteur de S. A. R. il fe faifoit honneur du goût que ce Prince avoit pour les fciences & les beaux arts. Dieu fçait s'il étoit capable de le lui avoir infpiré. Il me fit la grace de me procurer la vuë de fon cabinet, de fes tableaux, & de fon laboratoire. Le cabinet étoit plein de livres & de papiers confufement épars. J'eus la curiofité d'obferver les livres, étant perfuadé que la meilleure maniere de connoitre le caractére & les inclinations

d'un

d'un homme d'efprit, eſt de faire attention à ce qui l'occupe dans le ſecret du cabinet. Je vis dans celui de S A. R. un mêlange de Théologie, d'Hiſtoire, de Litterature, & ſur tout de Philoſophie naturelle. Les ouvrages extraordinaires, j'entens ceux de Spinoſa, Hobbes, Vanini, Cardan, Toland, Paracelſe &c. étoient dans une claſſe à part, & parmi eux étoit un gros cahier de la main de S. A. R. où elle avoit pris la peine de reduire en abregé ce qu'il y a de plus curieux dans la doctrine de ces Auteurs. Mr. l'Abbé du Bois me fit remarquer un manuſcrit Latin, *de Deo. An Poſſibilis*; qu'il me dit avoir été payé cinquante Louis d'Or par ſon A. R. Cet Abbé m'aſſura que Mr. le Duc d'Orleans paſſoit quelquefois juſqu'à quatre & cinq heures occupé avec ſes livres, & qu'il ne liſoit preſque jamais ſans avoir la plume à la main, pour écrire ſes remarques & ſes reflexions. Il avoit fait traduire pour ſon uſage quantité de bons livres Anglois,

dont

dont il faisoit beaucoup de cas;
Mr. d'Aguesseau Procureur Gene-
ral qui entendoit parfaitement l'Anglois lui avoit rendu plusieurs fois
ce service. S'il en faut croire Mr.
l'Abbé du Bois, la curiosité de S.
A. R. en matiére de Science s'é-
tendoit à tout. Il a fait venir plus
d'une fois des extrémitez de l'Europe certaines personnes qui pas-
soient pour avoir acquis des connoissances extraordinaires. Un jour
ayant lû dans une relation Angloi-
se de la Laponie Norwegienne que
les Lapons étoient fort adonnez à
la magie, & qu'il se passoit des
choses surprennantes dans cette
froide partie de notre Hemisphe-
re, il n'eût point de repos qu'il
n'eût fait amener un magicien La-
pon dans son cabinet. On n'a pas
sçû ce qu'il apprit de lui; mais il
y a apparence qu'il en fut peu satisfait, parce qu'il ne l'entretint
pas longtems. Il le fut d'avantage d'un certain Valtas qui s'insinua
dans sa faveur par la profonde connoissance qu'il avoit de la Chimie.
Il travailloit quelquefois deux heu-

res

res avec lui dans son Laboratoire. Il n'y avoit point de distillation ni d'Elixir qu'il ne sçût composer ; il en inventoit lui-même, & il prenoit plaisir à les faire debiter à Londres, & à Paris par quelque avanturier qui prenoit la qualité d'Operateur & qui y gagnoit considerablement ; il a fait des perles & des teintures de Cristal qui sont d'une beauté admirable.

Pour ce qui regarde le grand œuvre il l'a tenté sans succès : la plus infaillible de ses découvertes pour remplir ses coffres a été les billets de Banque. Cependant il n'a pas laissé de faire de grandes dépenses pour arriver à quelque chose d'extraordinaire dans la transmutation des metaux. Mr. Carridge Anglois l'a aidé longtems dans ce travail ; mais ils ne purent attraper le secret de la Nature. Tout le fruit de leurs peines fut de composer des alliages d'une grande perfection, quoique la valeur en soit fort au dessous de la dépense. Un Italien effronté qui avoit entendu parler du goût

de

de S. A. R. pour cette sorte de
science lui fit demander un jour
une Audience particuliere dans son
laboratoire. Lorsqu'il y fut entré il eut le soin d'en fermer la
porte; il tira de sa poche un petit rechaud d'une fabrique extraordinaire au dessous duquel étoit un
petit vaisseau de cuivre qu'il rem-
plit d'un Elixir qu'il avoit dans
une bouteille. Il enflama l'Elixir
avec une simple allumette, & il
pria ensuite S. A. R. de lui prêter pour un moment un Louis
d'Or. Il le mit à sa vûë dans le
rechaud : en moins de trois minutes il en tira une piéce d'argent
de la même grandeur qu'il remit
à Mr. le Duc d'Orleans. Il lui
demanda un écu, & l'ayant enfermé de la même maniére dans
le rechaud, il en fit sortir un Louis
d'Or qui ne differoit des autres
qu'en ce qu'il étoit plus épais.
Aprés cette operation, qu'il acheva sans prononcer une parole, il
prit son rechaud & sortit du Laboratoire, en disant à S. A. R. que
si elle vouloit se donner la patience

ce d'attendre un moment il alloit
lui faire voir quelque chofe de bien
plus extraordinaire. S. A. S. at-
tendit mais inutilement. L'Italien s'étoit fervi de cette rufe pour
faciliter fon évafion. Mr. l'Abbé
du Bois me fit voir les deux pié-
ces que Mr. le Duc d'Orleans a-
voit confervées. J'étendrois trop
le recit de cette vifite, fi je rap-
portois toutes les chofes curieu-
fes qu'il me fit obferver Je marquai beaucoup de reconnoiffance
pour fes civilitez : nous parlames
encore de l'Angleterre ; il me propofa de l'accompagner lorsqu'il
feroit nommé pour l'Ambaffade.
Je m'en excufai honnêtement fur
les engagemens que j'avois avec
Mr. le Duc de... il ne manqua
point de me demander ce qui avoit
caufé mon retour fi prompt à Paris. Je lui parlai de mon beau frere Amulem & de fon fils Muleid.
Il faut, me dit-il, que vous
me les faffiez voir, & que je leur
procure l'honneur de faire la ré-
vérence à Son A. R. Je le remerciai de cette offre, & je les lui a-
menai

menai le jour suivant. Il nous présenta A. S. R. Nous en fûmes reçûs fort gracieusement. Il fit à Amulem plusieurs questions sur le Gouvernement du Grand Seigneur & sur les forces de l'Empire Ottoman. Il lui dit en parlant de sa Religion ; je ne la trouve guéres sainte ; mais elle me semble bien aimable , ne fût-ce qu'en ce qu'elle n'oblige pas à voir toujours la même femme. Amulem répondit agréablement, que si c'étoit un mal d'être obligé de voir toujours une seule femme, c'en devoit être un bien plus grand d'en voir toujours plusieurs. Point d'équivoque, reprit Mr. le Duc d'Orleans, le mal de n'en voir qu'une est si grand, que je n'en sçaurois rire, & si l'on n'étoit un peu Turc sur certains Articles un pauvre Chrétien auroit bien de la peine à vivre. Nous eumes par la bonté de S. A. R. un de ses gardes pour nous conduire à Versailles & dans tous les lieux où l'on n'a pas la liberté d'entrer sans être introduits.

Le

Le hazard nous fit rencontrer à Fontainebleau Mr. le Marquis d'Antremond Ambassadeur du Roi de Sicile. Je l'avois connu à Rome longtems auparavant, & j'étois même lié particulierement avec lui. Comme je ne m'imaginois nullement qu'il fût à Paris & encore moins qu'il y fût avec un titre si distingué, je ne me remis point son visage, lorsqu'on me le montra sous le nom de sa dignité. Il me reconnut le premier & sa politesse le fit avancer vers moi pour m'embrasser. Nous nous promenames en nous entretenant de nos anciennes liaisons & de nos avantures Romaines. Il avoit failli à périr à Rome par la jalousie d'un Cardinal, dont il voyoit secrettement la maitresse; deux Sbirres apostez par ce Prélat l'avoient attaqué le soir dans la ruë, & il n'avoit dû sa vie qu'à son adresse & à sa valeur. Le péril qu'il avoit couru l'effraïa si peu, qu'il revit sa belle dès le lendemain en prenant seulement la précaution de se déguiser. Il se couvrit

d'un

d'un habit de pere Jacobin, & il continua à la viſiter tous les jours ſous ce Maſque. Le Cardinal découvrit la ruſe, & l'aïant fait veiller il le fit prendre par les archers de l'Inquiſition comme un Moine débauché qui cauſoit du ſcandale à l'Egliſe. Il fut enfermé dans une étroite priſon, d'où il ne put ſe tirer qu'après y avoir demeuré ſix ſemaines. Le Cardinal eut la malice de répandre le bruit qu'il y avoit été traité comme on traiteroit un Moine dans le même cas; c'eſt-à-dire, fouetté rigoureuſement. Cependant cette médiſance fut reconnuë fauſſe par le Cardinal même, qui étant tombé peu après dans une maladie mortelle, fit prier le Marquis de ſe rendre auprès de ſon lit, & lui demanda pardon publiquement du tort qu'il avoit fait à ſa réputation. Nous eumes l'honneur de dîner avec Mr. le Marquis d'Antremont & de retourner le lendemain à Paris dans ſon carroſſe. Nous n'y fimes plus un long ſejour. La curioſité d'Amulem étant ſatisfaite,

nous

nous reprimes le chemin de la Province.

Lorſque nous approchames de la maiſon de ma fille, je fis avancer mon laquais plus vîte que nous pour l'avertir que nous ſerions le ſoir à ſouper chez elle. Je fus ſurpris de le voir peu après revenir au devant de nous en galopant. Il m'apprit que le Marquis mon éleve étoit au logis depuis quatre jours, & me préſentant une lettre il me dit que c'étoit par l'ordre du Marquis qu'il me l'apportoit, qu'elle étoit de Mr. le Duc ſon pere, & qu'il me prioit de la lire avant mon arrivée. Je la lus promptement. Mr. le Duc me marquoit que ſon fils l'avoit preſſé avec tant d'inſtances de lui accorder la permiſſion d'aller attendre mon retour de Paris chez ma fille, qu'il avoit craint de l'affliger trop en le refuſant: qu'il le croyoit là en auſſi bonnes mains que dans les ſiennes, & qu'il ſe perſuadoit que j'approuverois ſon voyage. Comme cette lettre ne contenoit rien de plus, je ne pouvois m'imaginer quelle raison le Marquis avoit eû de me l'envoyer avec tant de diligence. Cependant en y penfant d'avantage je compris que la crainte que je ne fuffe mécontent de le voir à mon arrivée, & que je ne le foubçonnaffe de s'être dérobé à Mr. fon Pere, l'avoit porté à me prevenir comme il avoit fait. Il m'avoüa le foir que j'avois déviné jufte. Je ne laiffai point malgré la lettre d'être très peu fatisfait de le trouver là. J'admirai même que Mr. le Duc y eût pû confentir après le danger où il s'y étoit trouvé expofé ; fans compter qu'il n'ignoroit pas fa paffion pour ma niéce, à laquelle des entrevües fi fréquentes ne pouvoient manquer de fervir d'aliments. Je n'augurai rien de bon de fa préfence. Plut-au-Ciel pour fon interêt & pour celui de ma famille, que mon préfage & mes craintes euffent été moins fondez, & qu'elles n'euffent point

été

été juftifiées par des évenemens qui mirent le comble à tous les malheurs de ma vie! C'eft-ce que je raconterai maintenant fans interruption, car il me feroit difficile de mêler des chofes étrangeres & indifferentes à un recit fi intereffant.

Le Marquis n'avoit pas perdu le tems pendant les quatre jours qu'il avoit paffez chez ma fille; non feulement il s'étoit ménagé cent occafions d'entretenir Nadine, mais par une adreffe dont je crois que l'amour feul l'avoit rendu capable, car il n'étoit point naturellement artificieux, il avoit trouvé le moyen d'intereffer fi fortement Mylady R... en fa faveur, qu'elle approuvoit hautement fa paffion. Un fecours de cette nature pouvoit faire faire en peu de tems beaucoup de chemin à ma niéce. Ce n'eft pas que j'aye jamais foubçonné Mylady d'être propre à favorifer le vice, mais de quoi ne font pas capables deux jeunes amans dont on flate l'inclination, & à qui l'on

pro-

procure tous les moyens de se
voir commodement. Ma fille qui
avoit découvert le fond du miste-
re, n'avoit point eu la hardieſſe
d'en témoigner ſes ſentimens ; mais
ce fut la premiére nouvelle dont elle m'inſtruiſit à mon arrivée. La
crainte fit que je m'imaginai le mal
encore plus grand qu'il n'étoit ; je
ne tardai point à m'expliquer avec
Mylady & à tacher de tirer la verité
d'elle, en gardant néanmoins beaucoup de ménagemens pour ne pas
commettre ma fille. Lorſque j'en
eus dit aſſez pour me faire entendre, elle reconnut qu'elle avoit euë
quelque conſcendance pour la paſſion du Marquis, parce qu'elle la
croyoit infiniment ſincere ; & parce que la pauvre petite Nadine, a-
jouta-t-elle, n'en avoit pas moins
pour lui. Elle me dit en riant, qu'il
eût fallu avoir le cœur d'une du-
rete extrême pour voir ſouffrir ſans
pitié deux enfans ſi aimables ; cependant elle me proteſta que toute ſon indulgence s'étoit bornée
à leur accorder quelques momens
d'entretien dans ſon appartement,

&

& cela toujours en sa présence. Je suis bien éloigné, Madame, repartis-je d'en soubçonner d'avantage, mais vous me ferez la grace de confesser que cette faveur même toute mince qu'elle est, ne leur étoit pas nécessaire. Vous sçavez le peu de proportion qui est entre le Marquis & ma niéce. Amulem est un étranger, dont le rang quoiqu'assez considérable parmi les Turcs, est compté pour rien en France. Nadine ne tire non plus aucun relief de la qualité de ma niéce, puisque ne l'étant que du côté de mon épouse elle n'appartient point à ma famille. Rien ne peut donc la reprocher du Marquis dans l'éloignement infini où elle est de son nom, de son rang, de ses richesses, & de toutes ses esperances. A quoi sert-il, Madame, d'entretenir dans le cœur de cette enfant une passion qui ne sçauroit avoir d'heureuses suites pour elle ? Je veux bien ne la regarder jusqu'à présent que comme un badinage & un amusement de jeunesse; mais ne sçavons-nous pas vous &

B 3

moi

moi que les conséquences de ces
dangereux amusemens peuvent devenir sérieuses.   Je connois le naturel du Marquis ; il est d'une vivacité qui vous effrayeroit , si vous
la connoissiez comme moi. Mylady repliqua en m'interrompant ,
qu'elle avoit fait attention par a-
vance à mes difficultez , & qu'elle les avoit trouvées si foibles qu'elle n'avoit pas crû s'y devoir arrêter ; qu'à la vérité Nadine n'étoit
pas du rang du Marquis , mais que
c'est l'effet le plus ordinaire de
l'amour d'égaler les conditions ;
que rien n'étoit si commun en Angleterre que ces assortimens iné-
gaux ; que la foiblesse de notre sexe
pour le sien étoit presque l'unique
voye que la providence eût accordée aux femmes pour s'élever à
la fortune ; que la petite Nadine
avoit assez de charmes pour borner l'ambition d'un Prince , & là-
dessus elle se mit à me raporter les
exemples de quantité de Ducs &
de Mylords Anglois qui n'avoient
cherché qu'à satisfaire leur cœur
en se choisissant une épouse. Il
est

est vrai, Madame, lui dis-je que cela est commun en Angleterre, mais nos coûtumes sont differentes. D'ailleurs le soin que j'ai consenti à prendre de la conduite du Marquis m'oblige en honneur de veiller à ses vrais interêts. Ne doutez pas que dans toute autre situation je ne fusse bien aise de voir Nadine prendre le chemin de devenir Duchesse ; cette pauvre enfant seroit Reine si sa fortune répondoit à mon affection : mais je suis le Gouverneur du Marquis ; son pere, sa famille, se reposent de sa conduite sur mon honneur & sur ma sagesse, je ne trahirai point leur confiance, je ne dis pas seulement pour l'avantage de ma niéce, mais pour celui même de toute ma posterité. Enfin, Madame, ajoutai-je, c'est une affaire où je me croirois criminel par la seule incertitude, & graces à Dieu j'ai trop d'honneur pour demeurer suspendu un seul moment entre le crime & mon devoir.

Le fruit de cette conversation fut d'engager Mylady R... à ne

 plus

plus prêter la main au commerce de nos jeunes amans. Je n'aurois pas differé à mettre Nadine pour quelques années dans un Couvent, s'il ne m'eût paru trop dur de l'ôter à son pere pendant le peu de tems qu'il avoit à demeurer en France. N'y pouvant donc penser avec bienséance, je me retranchai à trouver quelque nouveau moyen d'éloigner le Marquis: je n'en pus imaginer d'assez vraisemblable pour esperer qu'il ne sentît point ma ruse; je pris le parti d'écrire à Mr. le Duc & de lui marquer les nouvelles raisons que j'avois de souhaiter qu'il le rappellât. Je le priois d'employer quelque prétexte, comme celui de le faire habiller, ou de lui faire prendre quelques remedes avant notre départ pour l'Allemagne La lettre de Mr. le Duc vint en peu de jours. Le Marquis qui le respectoit extrémement n'osa demeurer un moment après l'avoir reçue. Je fis violence à ma sincerité, jusqu'à lui témoigner du regret de le voir partir

Je

Je m'applaudissois néanmoins
de ce départ : il sembloit assurer
toutes mes vûës. Je me propo-
sois d'aller rejoindre le Marquis
en moins de quinze jours, d'en
passer quelques-uns avec lui & de
partir ensuite pour l'Allemagne
sans repasser chez ma fille. A-
mulem & son fils auroient pris un
autre chemin & nous nous serions
rencontrez sur la frontiére. Ce
projet étoit simple & me sembloit
infaillible. Mais helas ! c'est la
plus grande de toutes les infirmitez humaines de ne pouvoir péné-
trer dans l'avenir. Les hommes
font obligez de travailler tous les
jours à se rendre plus parfaits, hé!
peuvent-ils le devenir s'ils ne con-
noissent point ce qui doit suivre le
moment dont ils jouissent ? Comment éviter des fautes ou des malheurs, dont on ne prévoit point les
occasions ! comment s'assurer d'obtenir le bien auquel on doit tendre, si l'on ne peut être certain
d'en avoir les moyens ? On parle
de l'experience du passé comme
d'un flambeau, qui doit éclairer les

B 5

dé-

démarches futures, & qui aide à conjecturer les évenemens ! Mais qu'un tel secours paroit foible quand on considere la varieté infinie des motifs qui font agir les êtres libres, & l'obscurité des ressorts qui déterminent les causes nécessaires ! J'ai soixante ans d'usage & de connoissance du monde, & le fruit que j'en recueille à l'égard de l'avenir, est d'avoir reconnu chaque jour de plus en plus, que toutes les régles de la prudence font ordinairement fausses & toujours absolument incertaines ; en voici un nouvel exemple.

Dans le tems que j'étois le plus satisfait de l'ordre que j'avois mis dans les affaires de ma famille & dans les miennes, un Gentilhomme voisin de ma fille vint me demander ma niéce Nadine en mariage : c'étoit un parti plus avantageux qu'elle ne pouvoit l'esperer naturellement. Outre un gros bien, le Gentilhomme étoit aimable : il avoit environ trente ans, & c'étoit uniquement par estime & par

amour

amour qu'il fouhaitoit d'obtenir
ma niéce. Rien ne paroiffoit devoir
empêcher mon confentement, ex-
cepté peut-être l'âge de cette enfant, qui étoit à peine dans fa quin-
ziéme année. Je conferai fur cette propofition avec Amulem, mon
Gendre & ma fille : leur fentiment
comme le mien fut de l'accepter
fans balancer. Je n'y voiois plus
d'autre difficulté que la violence
qu'il faudroit faire fans doute à
ce petit cœur, où l'amour avoit
pris de fi profondes racines. Cette penfée me caufoit du chagrin,
car je n'ai jamais approuvé la tyrannie des peres qui exigent une
obéiffance aveugle de leurs enfans:
l'exemple de mon grand-pere é-
toit encore devant mes yeux & je
n'avois point oublié que c'étoit à
cette fource fatale que fe devoient
rapporter tous les malheurs de ma
vie. Cependant le cas où je me
trouvois par rapport à ma niéce me
paroiffoit tout different. C'étoit une
chofe impoffible que fon mariage a-
vec le Marquis ; la perte de fa vie
& de la mienne ne m'avoit pas fait

 rela-

relacher là-deſſus le moins du monde. Dans cette ſuppoſition qui étoit conſtante & qui ne pouvoit changer, il me ſembloit que loin de manquer d'indulgence pour elle, c'étoit la traiter avec une véritable affection que d'aider à la guérir, & rien ne m'y paroiſſoit plus propre que de la mettre entre les bras d'un honnête Homme qui l'aimoit exceſſivement, & qui n'épargneroit rien pour lui faire mener une vie douce & heureuſe. Ce raiſonnement me parut ſolide. Il me le paroît même encore malgré l'effet tragique qu'il a produit, & ſi je me trouvois dans la même ſituation avec auſſi peu de connoiſſance de l'avenir, je prendrois aſſurément le même parti.

Etant donc arrêté à cette réſolution, je fis appeller ma niéce, & je lui appris que Mr. de B . . lui faiſant l'honneur de l'aimer & de la ſouhaiter pour ſon épouſe, j'avois crû que c'étoit une affaire extrémement avantageuſe pour elle. Votre pere, lui dis-je, & toute la famille s'accordent à penſer la même me chofe. Il ne nous refte, ma chere niéce, qu'à connoitre quels font vos fentimens. Elle me repartit avec beaucoup de douceur que c'étoit un langage fi extraordinaire pour une fille de fon âge, qu'elle ne fçavoit pas bien ce qu'elle devoit me répondre ; qu'elle étoit prête à obeir à toutes mes volontez, mais que fi j'étois affez bon pour lui permettre de fuivre fes inclinations, elle ne fouhaitoit que de vivre avec ma fille & Mylady R... qui avoient tant de bonté pour elle. J'afeélai de prendre fa réponfe pour un effet de fa modeftie. Je la louai, je l'embraffai, & je lui promis que fi elle vouloit me laiffer le foin de fon fort, je la rendrois heureufe comme une petite Reine. Mr. de B.., lui dis-je, que nous vous deftinons pour époux, viendra vous voir dès aujourd'hui ; il faut le recevoir avec honnêteté. Vous verrez que c'eft un charmant Gentilhomme que vous ne pourrez vous empêcher d'aimer. Elle ne me repondit plus que par une révéren-

ce,

ce, & je remarquai qu'elle s'en
alla avec empreſſement dans l'appartement de Mylady R....

Monſieur de B... vint pour la
voir ſur la fin de l'après midi, on
la fit appeller. Elle deſcendit a-
près s'être fait attendre aſſez longtems. Je remarquai que ſes yeux
étoient altérez, & je ne doutai
point qu'elle n'eût verſé bien des
larmes. Cette vûë me fit p'tié.
Cependant elle eût aſſez de pouvoir ſur elle-même pour paroitre
tranquille & riante. Elle n'affecta pas même une rigueur exceſſive
lorſque ſon amant, à qui je l'avois
déja promiſe, prit la liberté de lui
baiſer la main. Il ſe retira fort
ſatisfait, après m'avoir pr é de conclurre ſon mariage avant mon
départ pour l'Allemagne. J'y
étois reſolu : j'en parlai le ſoir
à Mylady, qui faiſoit ſemblant
de l'ignorer, parce que je ne m'étois
pas encore ouvert à elle. Vous
avez tant de bonté, lui dis-je,
pour ma niéce & pour toute ma
famille, que je ne veux rien faire
d'important ſans vous l'avoir com-

muni-

muniqué. On me demande Nadine en mariage & je trouve le parti si avantageux que je l'ai accepté. Elle s'attendoit sans doute à cette ouverture & sa réponse étoit méditée. Vous voulez donc être le bourreau de votre niéce, me dit-elle, vous la voulez tuer plus cruellement quevous ne feriez d'un coup de poignard. Qui a jamais vû marier une fille à quatorze ou quinze ans malgré sa volonté! Cette pauvre enfant se meurt déja d'ennui, & je suis si attendrie de ses larmes, que malgré tout l'attachement que j'ai pour votre fille, je ne veux point demeurer un moment dans cette maison, si vous lui faites cette violence. Et puis, ajouta-t-elle d'un air chagrin, après les droits que vous m'aviez accordé sur elle, il me semble que vous auriez pû me faire entrer pour quelque chose dans cette belle résolution. Je l'assurai que la proposition & l'accord du mariage s'étoient faits si promptement, qu'à peine aurois-je pû lui en faire part plutôt. Pour

ce qui regardoit la rigueur dont
elle m'accusoit, je lui représentai
toutes les raisons qui m'empe-
choient de croire que c'en fût u-
ne , & je l'obligeai de confesser
que ma niéce ne pouvant point ê-
tre au Marquis , nous ne pouvions
rien souhaiter de plus heureux pour
elle que l'occasion qui se présen-
toit.

J'en conviens , me dit-elle à la
fin : mais ce n'est point par l'idée
que vous & moi pouvons nous en
former qu'il faut juger des avan-
tages de cette occasion ; c'est par
la satisfaction que votre niéce y
peut esperer. Elle sera malheureuse , continua-t-elle , je sçai par experience ce que c'est qu'un mariage où l'inclination n'a pas contribué. Pour la satisfaire & finir
cette dispute , je fis appeller Nadine , & je lui parlai ainsi en présence de Mylady.

J'apprens que vous n'étes point
contente du mariage que je vous
ai proposé ; je vous aime trop tendrement pour vous y contraindre ,
mais je suis bien aise de vous ex
pli-

pliquer mes sentimens sur ce qui cause votre repugnance. Je n'ignore pas votre inclination pour le Marquis, ni celle qu'il a pour vous. Si vous vous étes flattée de ce côté-là de quelque esperance, il faut que vous commenciez, ma chere niéce, à vous desabuser aujourd'hui. Je vous jure devant Dieu que vous ne serez jamais au Marquis ; c'est une chose impossible , & sur laquelle vous devez vous rendre justice. Ne pouvant donc étre à lui, c'est à vous de voir si vous voulez renoncer à tout autre engagement. Vous étes libre. Songez seulement que vous affligerez votre famille, qui attend de vous autre chose, & que vous ne donnerez pas une idée honorable de votre sagesse & de votre modestie.

J'avouë que mon discours étoit captieux pour un enfant de cet âge, qui avoit toujours été accoutumée au respect & à l'obeissance; aussi n'y répondit-elle qu'en m'assurant qu'elle étoit prête à faire tout ce que son pere & moi voudrions

drions exiger d'elle. Je lui dis que c'étoit ainsi que devoit se conduire une fille bien née, & que s'il en coûtoit un peu à son cœur pour oublier le Marquis, elle devoit considerer que c'étoit un sacrifice nécessaire, auquel elle seroit obligée quelque parti qu'elle pût prendre. Je la laissai avec Mylady, quoique j'eusse quelque défiance de ses conseils. Je dis le lendemain à Monsieur de B.. qu'il falloit prendre promptement des mesures pour son mariage, s'il vouloit le conclurre avant mon départ. Il écrivit sur le champ à l'Evêque; il en reçût en moins de huit jours les dispenses & les permissions qui s'accordent dans une hâte extraordinaire: la cerémonie fut celebrée prèsqu'aussitôt. Nadine fut batisée & mariée dans un même jour. Elle me parut soutenir cette action de fort bonne grace : il n'y eût que Myladi R... qui refusa constamment d'être présente à ses nôces.

Cette Dame avoit ses raisons pour tenir cette conduite. J'en parlerois peut-être avec plus de
cha-

chaleur, fi elle n'en avoit été trop rigoureufement punie. Son aveugle affection pour Nadine lui avoit fait prendre des mefures irregulieres pour l'ôter à Mr. de B... & les voyant déconcertées par notre promptitude, elle en reffentoit un chagrin qui l'empêcha de paroitre pendant toute la fête. Elle avoit écrit au Marquis par un exprès qu'elle avoit envoyé chez Mr. le Duc fon pere. Elle lui avoit découvert dans fa lettre qu'il étoit fur le point de perdre ma niéce fans retour; que fon mariage étoit conclu, & qu'il ne tarderoit pas quinze jours à s'executer; que s'il l'aimoit toujours avec la même tendreffe, il n'y avoit plus qu'une refolution hardie qui pût le rendre heureux; qu'elle favoriferoit toutes fes entreprifes, que s'il pouvoit s'affurer feulement de deux hommes fideles & fe rendre la nuit chez ma fille, elle s'engageoit non feulement de livrer fa maitreffe entre fes mains, mais d'accompagner elle-même fa fuite, pour mettre l'honneur de Nadine

à

à couvert ; qu'elles se retireroient ensemble dans un Couvent, ou qu'elles passeroient en Angleterre si elles s'y trouvoient forcées ; qu'au reste il devoit craindre peu la colere de Mr. le Duc son pere, parce qu'elle étoit en état de rendre Nadine digne de lui en la faisant son héritiere : Elle le conjuroit de se presser, & elle lui marquoit même la nuit où elle croyoit pouvoir lui rendre le service qu'elle lui promettoit.

Ce fut un bonheur qu'elle n'eût pû prévoir que le moment des nôces fut si proche. Elles s'accomplirent deux jours avant le terme de son assignation. Le Marquis avoit pris l'allarme en recevant cette lettre ; sa vivacité lui permit à peine un moment de repos. Il se détermina sans rien examiner à suivre toutes les instructions de Mylady, & il lui écrivit qu'il seroit chez elle à point nommé. Au lieu de deux hommes il en prit quatre pour l'accompagner. Mylady l'attendoit désesperée de la ruine de son projet. Il se glissa

le

le soir dans son appartement sans
être apperçû de personne. Il a-
voit laissé ses quatre hommes &
ses chevaux dans le bois. Quelle fut sa désolation en apprenant
que Nadine étoit dans les bras
d'un autre! il m'a dit depuis que
cette fatale nouvelle le fit tomber
à terre sans sentiment. Etant revenu à lui, il se fit raconter toutes les circonstances de sa perte,
& voyant qu'il ne lui restoit pas
même l'ombre de l'esperance, il
se livra à toutes les extravagances
de l'amour malheureux. La nuit
étant près de finir, My lady lui con-
seilla de se retirer. Il ne pût se
resoudre à retourner si-tôt chez
son pere. Il la pria de souffrir
qu'il revînt l'entretenir la nuit sui-
vante, & pour ne pas s'éloigner
trop de la maison de ma fille, il
alla passer le jour avec ses gens
dans un village qui en est à une
lieüe, & à peu près à la même dis-
tance de celle de M. de B.... où
Nadine étoit déja.

J'appris le matin qu'on avoit vû
la veille cinq hommes à cheval

aux

aux environs du logis , mais je
n'eus pas le moindre ſoubçon de
la vérité ; je rendis même ce jour-
là une viſite particuliere à Mylady. Elle me parût toujours affli-
gée du mariage de Nadine ; ce
qui ne l'empécha pas néanmoins
de conſentir à l'aller voir le lendemain avec moi. Elle lui porta
un préſent conſiderable de pierre-
ries qu'elle la força d'accepter.
Elle l'entretint longtems à l'é-
cart : mais comme c'étoit dans la
même ſale où nous étions, j'a-
vois les yeux ſur tous leurs mouvemens. Ma niéce rougit plus
d'une fois. Il me ſembloit que
Mylady exigeoit d'elle quelque
choſe dont elle tachoit de ſe deffendre. Nous paſſâmes avec elle
une partie de la ſoirée, & nous
retournames au logis vers minuit.
En entrant dans la cour j'apperçus de loin un étranger qui me
parut avoir toute la figure du Marquis. Le Ciel étoit obſcur & il
ſe deroba ſi legerement que je ne
pus en être aſſuré. Je demandai
à Mylady ſi elle n'avoit point re-
mar-

marqué la même chose, elle me répondit qu'il n'y avoit nulle apparence qu'il fût si proche de nous sans ma participation. C'étoit neanmoins lui-même, qui s'ennuyoit en l'attendant. Il avoit passé la nuit précedente avec elle : il s'étoit emporté en invectives contre ma dureté, contre l'ingratitude de Nadine, contre la malignité de sa fortune ; il avoit juré de ne me revoir jamais ; & s'imaginant n'avoir plus d'ami fidele hors Mylady, il lui avoit ouvert son cœur avec une entiere confiance. La premiere faveur qu'il avoit demandée de son amitié, étoit de lui procurer une entrevuë secrete avec Nadine. C'est par lui-même que j'ai été informé dans la suite de tout ce détail.

Mylady sentit la difficulté & le danger de cette demande. Je suis même porté à croire, que ce fut à regret qu'elle lui promit d'y employer ses soins. Les sollicitations pressantes du Marquis la toucherent, & ce fut dans la vûë de le servir qu'elle vint avec moi chez

ma

ma niéce. Elle étoit ſi accoutumée à manier l'eſprit de cette jeune perſonne, qu'elle réuſſit à lui
perſuader ce qu'elle voulut. Mais
ce n'étoit pas une entrepriſe aiſée
que d'introduire le Marquis chez
elle ; ſon mari qui l'adoroit ne la
perdoit p˙s de vûë. Elles ſe ſé-
parerent donc ſans avoir p˙is de
reſolution aſſurée. Mon miſerable deſt'n me fit contribuer moi-
même à leur procurer l'occaſion
qu'elles ſouhaitoient. En revenant
de chez Mr. de B. je dis à mon
gendre en préſence de Mylady, que
je le priois d'inviter le lendemain à
ſouper Mr. & Madame de B...
il me le promit : Mylady feignit
de ne pas nous écouter, mais ayant
formé ſur le champ ſon deſſein
ſur ce qu'elle avoit entendu, elle
le communiqua cette nuit au Marquis. C'étoit de lui faire paſſer
tout le jour dans ſon appartement
juſqu'à l'heure du ſouper, & d'en
avertir ſecrettement ma niéce à
ſon arrivée. S'il ne lui étoit pas
poſſible de ſe dérober à ſon mari
avant que de ſe mettre à table, elle

le devoit feindre pendant le fou-
per-même quelque néceffité qui
l'obligeroit de fortir. Ce plan paroiffoit fans difficulté ; cependant
lorfque ma niéce en fut inftruite,
elle en trouva une fur laquelle on
ne put la refoudre à paffer. Se
voir feule & renfermée dans une
chambre avec le Marquis, ce fut
à quoi tous les raifonnemens de
Mylady ne purent la faire refoudre ; il fallut pour tout accorder
que cette Dame s'engageât fous
prétexte d'une incommodité à ne
pas fortir de fon appartement. Mr.
de B.... qui ne l'avoit pas vûë à
fon mariage, & qui fçavoit qu'elle ne l'avoit point approuvé, nous
dit ingenûment en nous mettant à
fouper, qu'il attribuoit fon abfence à un refte de haine pour lui ;
mais que le tems la rendroit plus
traitable, ou que s'il continuoit à
lui déplaire, il prendroit le parti
de s'en confoler. Ma niéce ne
parla pas fi-tôt du befoin qui devoit la faire fortir de table ; elle
n'étoit pas fans doute affez aguerrie pour faire cette démarche fans

être un peu tremblante. Elle se leva néanmoins vers le milieu du repas, & elle quitta la sale en nous disant qu'elle seroit de retour à l'instant. Elle ignoroit que l'amour abrege les momens ; ceux qu'elle passa avec Mylady & le Marquis lui parurent si courts que ne revenant point aussi-tôt qu'elle avoit dit, Mr. de B. . . . en eut de l'inquiétude. Il se leva de table pour s'informer de ce qu'elle étoit devenüe. Un laquais lui dit qu'elle étoit montée à l'appartement de Mylady. Il revint dans la salle nous rapporter cette nouvelle. Mon mauvais genie m'inspira de lui dire qu'il falloit qu'il profitât de cette occasion de faire une civilité à Mylady, en tachant de l'engager à venir passer avec nous quelques momens. Il sortit dans ce dessein. A peine eut-il été absent quatre minutes que j'entendis le bruit d'un coup de pistolet & la voix de quelques Domestiques qui crioient, au meurtre, au meurtre, au secours. Tout ce que nous étions d'hommes dans

la

la sale y courumes promptement.
Le premier objet que j'apperçus
fut le Marquis qui descendoit l'escalier d'un air fier & le pistolet
à la main; Monsieur, me dit-il
en venant à moi, je suis désespe-
ré du malheur qui vient d'arriver
dans votre maison. Mr. de B....
a assassiné Mylady à mes yeux
d'un coup d'épée, & je lui ai cas-
sé la tête à lui-même d'un coup
de pistolet. Portez, s'il vous plait
quelque secours à votre niéce que
j'ai laissée en haut sans connoissance. Je fuis, Monsieur, ajouta-il
en s'eloignant, mais je ne me crois
pas criminel.

Dans le trouble où j'étois je fis
peu d'attention à sa sortie, je montai à l'appartement de Mylady, que
je trouvai assise & toute sanglante, mais à qui il restoit encore quelque sentiment de vie. Mr. de B...
étoit étendu sans mouvement; sa
cervelle paroissoit en plusieurs endroits sur le plancher. Ma niéce
étoit tombée dans un profond é-
vanouissement, & j'ai sçû de la
femme de chambre de Mylady que
C 2

le

le Marquis avoit eû soin de la relever & de la mettre dans le fau-
teuil où je la trouvai. Je fis é-
loigner le cadavre de Mr. de B. :
nous donnames tous nos soins à
Mylady, qui eut peine à me reconnoitre , tant elle étoit affoi-
blie par la perte de son sang. Nadine revint bientôt à elle-même;
je priai ma fille de la faire transporter dans une chambre & d'y
prendre soin d'elle.

Lorsque nous fumes un peu revenus d'une si cruelle émotion, je
me fis raconter par la femme de
chambre de Mylady toutes les circonstances de cette scene funeste,
dont elle avoit été témoin. Elle
me dit que pendant que le Marquis entretenoit ma niéce en présence de Mylady , Mr. de B....
étoit entré dans l'appartement sans
frapper à la premiére porte ; que
cette Dame ayant entendu marcher dans l'antichambre s'étoit levée à la hâte & qu'elle avoit entr'ouvert sa chambre ; que Mr. de
B.... qui en étoit déja tout proche avoit apperçu le Marquis assis
au-

auprès de fa femme, qu'il avoit pouffé rudement la porte pour entrer malgré Mylady, & que ne pouvant l'emporter fur elle, il lui avoit allongé un coup d'epée par l'ouverture de la porte dans laquelle il avoit paffé la jambe ; que le Marquis qui s'étoit levé pendant ce tems-là voyant tomber cette Dame & Mr. de B... venir vers lui la pointe baiffée, lui avoit fait fauter la cervelle d'un coup de piftolet. O Providence ? m'écriai-je, j'adore tes difpofitions, mais que les effets en font fanglants & impitoyables ! fi tu as encore des coups que je redoute ce ne font point ceux que tu ferois tomber fur moi-même. Helas ! je ferois trop heureux que tu m'en euffes refervé un qui pût finir tout d'un coup ma miferable vie. Mylady ayant repris affez de force pour diminuer notre inquiétude, je quittai fa chambre & j'entrai dans celle où ma fille étoit encore avec Nadine. Elle l'avoit fait mettre au lit. Je m'affis fur une chaife auprès d'elle, & voyant à fa pâ-

leur

leur & à ſes larmes combien elle
étoit touchée des malheurs qu'elle
venoit de cauſer , je ne voulus
point achever de l'accabler par des
reproches. Sa main que je pris
entre les miennes étoit toute tremblante. Je l'exhortai à prendre
courage & à tacher de ſe remettre
un peu de cette extréme agitation.
Elle avoit trop d'eſprit pour ne pas
remarquer que c'étoit par un excès d'indulgence que je ne lui té-
moignois point de reſſentiment.
Elle me dit en me ſerrant la main;
ah ! Monſieur , ne me traitez pas
avec tant de bonté. Si vous ne
voulez pas que je me croye encore plus coupable ; cependant j'eſpere qu'on ne vous aura pas groſſi
mon crime & qu'on vous aura
rapporté fidellement avec quelle
innocence j'ai vû le Marquis. C'é-
toit l'unique fois que je me ſerois
permis de le voir dans tout le cours
de ma vie. O Dieu ! ajouta-t-elle, en fondant en larmes , faut-il
qu'elle ait été ſi funeſte , faut-il que
je puiſſe me reprocher la mort de
Mr. de B… Je la conſolai autant
qu'il

qu'il me fut poſſible, & j'empê-
chai ſon pere Annulem de lui parler
d'une maniére dure, qui l'auroit
encore plus chagrinée.

Je n'avois point eû juſqu'alors
un moment pour penſer au Marquis. J'étois incertain de ce qu'il
étoit devenu, & j'aurois voulu
pouvoir en apprendre quelque choſe avant que d'écrire à Mr. le
Duc, & de lui rendre compte de
notre funeſte avanture. J'étois reſolu d'envoyer le matin quelques
domeſtiques de divers côtez, dans
l'eſperance qu'ils découvriroient
ſes traces; mais je fus délivré de
cette peine par une lettre qu'on
m'aporta de ſa part, à mon lever,
la voici, je n'y change rien.

Si je n'étois bien ſûr, Monſieur,
que malgré le préjugé que la vûë
de deux perſonnes mortes aura pû
vous inſpirer contre moi, vous é-
tes trop juſte & trop bon pour me
condamner abſolument ſans m'entendre; je m'affligerois ſans meſure du riſque où je me ſuis expoſé
de perdre votre eſtime & votre a-
mitié; mais je ſuis perſuadé que
C 4

ſi vous avez eû peine ſur les apparences à me croire tout à fait innocent ; votre bonté me reſerve
une oreille pour écouter du moins
ce que j'ai à vous dire pour ma
défenſe. Ce n'eſt point le reproche de ma conſcience qui m'a fait
fuir , c'eſt ſeulement la crainte
d'augmenter la douleur de votre
perte , par la vûë de celui qui en eſt
malheureuſement la cauſe. Si je
croyois que ma préſence ne vous
fût point devenuë trop odieuſe ,
je vous propoſerois un rendez-vous
où j'aurois la ſatisfaction de vous
ouvrir mon ame , & de vous forcer à convenir de mon innocence. Le porteur de ce billet vous
apprendra le lieu où je ſuis , & recevra vos ordres ſur celui où vous
trouverez à propos que nous nous
voyons.

Je n'avois pas fini cette lettre
que j'en reçus une de Mr. le Duc
qui m'étoit envoyée par un exprès.
Elle contenoit des marques de ſon
inquiétude ſur ce qui pouvoit être
arrivé au Marquis depuis quatre
ou cinq jours qu'il s'étoit écha-
pé

pé de chez lui. Il le croyoit néanmoins, difoit-il, auprès de moi, & il me prioit de l'en informer fur le champ par le même exprès. Je lui fis réponfe auffi-tôt. Comme fon courrier n'avoit point eû le tems d'être inftruit de notre malheur, je n'en touchai rien à Mr. le Duc, me refervant à lui en parler de vive voix. Je me contentai de lui marquer que le Marquis étoit en fûreté, & que dans peu de jours nous ferions l'un & l'autre dans fes terres. Je penfai enfuite à la conduite que je devois tenir avec le Marquis. Dans le fond je n'avois pas de peine à comprendre qu'il étoit peu criminel. Il avoit tué Mr. de B... dans le cas où la néceffité juftifie, c'eft-à-dire, pour conferver fa propre vie. Son entretien fecret avec ma niéce étoit une faute, mais dont il étoit moins coupable que ma niéce elle-même & Mylady R... j'ignorois encore les projets d'enlevement & de fuite qu'il avoit formé de concert avec cette Dame, ainfi loin d'être mal dif-

C 5

pofé

posé à son égard je ne trouvois
plus à plaindre qu'à condamner.
Je resolus donc à le traiter avec
plus de douceur & d'affection qu'il
ne sembloit s'y attendre. J'appris
du porteur de sa Lettre le lieu où
il étoit, & je montai à cheval
aussi-tôt pour m'y rendre. C'é-
toit le même village où il avoit
passé les deux jours précedens.
Lorsqu'il me vit arriver si-tôt contre son attente, il parut extraordi-
nairement surpris. Il étoit dans
un négligé à faire compassion, son
linge étoit noir, ses cheveux mal
en ordre, ses bas déchirez : en un
mot tout son équipage tel que doit
être celui d'un homme qui a passé quatre ou cinq nuits sans se
deshabiller, & sans prendre de
repos. J'affectai de demander à
Brissant qui étoit à quatre pas de
lui, s'il sçavoit où étoit son maitre ! Je conçois, Monsieur, me
dit-il lui-même, pourquoi vous a-
vez peine à me reconnoitre ; mais
devez-vous être surpris, continua-
t il, en me tirant à l'écart, de
voir ce dérangement dans mon exterieur

terieur, puisque vous n'ignorez pas l'excès de mon trouble & de mes chagrins ? vous auriez pitié de moi malgré le mal que je vous ai fait, si vous sçaviez la douleur que j'en ressens Je veux vous raconter tout ce qui s'est passé. Soyez après cela mon juge. Je demeurai en silence pour lui laisser toute la liberé de s'exprimer. Il me rapporta tout ce qu'il pouvoit m'apprendre sans commettre trop Mylady. Il ne me parla point si tôt, par exemple, de la Lettre qu'il avoit reçuë d'elle, ni du projet d'enlevement qu'elle lui avoit inspiré, mais il ne me cacha point qu'ayant appris le mariage de ma niéce, il étoit venu dans le déssein de le traverser ; que s'y étant pris malheureusement trop tard, il avoit vû Mylady en secret pendant plusieurs nuits ; qu'il l'avoit engagée à force de priéres à lui procurer la satisfaction de voir secretement ma niéce, &c. Par quels sermens, ajouta-t-il, pourrai-je vous persuader que mon unique prétention dans cette en-

trevûë

trevûë étoit de l'adorer & de pleurer à ses pieds. Helas ! pendant
un quart d'heure que je passai avec
elle je n'osai lever mes yeux quatre fois sur les siens. Je n'osai
l'accuser d'ingratitude & d'infidelité. Mes soupirs me tinrent lieu
de reproches & de plaintes ; bien
loin de penser au deshonneur de
son époux. N'aurois-je pas évité
son épée , s'il n'en eût voulu
qu'à ma vie ; ce fut bien moins
ma conservation que la brutalité
avec laquelle il assassina Mylady &
la crainte du même traitement pour
votre niéce , qui me forcerent à lui
donner la mort. Il est certain
qu'elle m'étoit assurée si je ne l'eusse pas prévenu , mais je ne sçai si
j'aurois voulu l'eviter. Le Marquis ajouta, qu'il ne se trouvoit
donc coupable en rien à mon é-
gard , que je ne devois pas le rendre garand d'un malheur qui venoit de la brutalité de Mr. de B...
que tous ses sentimens pour ma
niéce étoient d'une nature à soutenir l'examen du Ciel même :
enfin que s'il avoit quelque chose

se à se reprocher c'étoit moins par rapport à moi qu'il n'avoit jamais cessé d'aimer, quoique j'en eusse usé si durement avec lui, qu'à l'égard de Mr. le Duc son pere, qu'il avoit abandonné sans l'avertir, & qui étoit sans doute allarmé de son absence. Après s'être ainsi efforcé de se justifier, il se tût pour attendre ma réponse. Il me parut si tranquille sur son innocence, que je resolus de l'effrayer un peu; je le fis néanmoins sans affecta-tion. Je lui répondis, que quel-que horrible que fût le malheur qu'il venoit de causer dans ma famille, je voulois bien mettre quelque distinction entre ses fau-tes & celles de la fortune; que je ne lui faisois un crime ni de la mort de Mr. de B... que cet in-fortuné gentilhomme paroissoit s'ê-tre attirée, ni de ses intentions par rapport à ma niéce, puisqu'il me protestoit qu'elles avoient été innocentes; mais si vous n'avez pû vous dispenser, lui dis-je, d'ô-ter la vie à Mr. de B... pour def-fendre la votre, comment vous

jus-

justifierez - vous d'en être venu
chercher ténérairement l'occasion ? quel desordre ou plutôt quel
excès de folie d'avoir quitté furtive-
ment Mr. le Duc & d'être venu
sans autre motif qu'une aveugle &
inutile passion, vous précipiter dans
dans mille perils ? j'accorde que
vous ne les avez pas prevûs, mais
n'est-ce pas en cela même que
vous avez manqué de conduite &
de jugement ? une démarche si legere & si déreglée pouvoit - elle
vous mener à une heureuse fin ?
considerez qu'elles en vont être
les suites. En premier lieu j'y vois
une tache irréparable pour votre
caractére & pour votre réputation.
Le monde ne se fait point expliquer les motifs, on ne verra dans
vous que le meurtrier de mon neveu ; c'est-à-dire du neveu d'un
homme que vous deviez aimer
comme un second pere ; vous l'a-
vez tué dans ma maison & presque sous mes yeux ; quelle horrible reconnoissance pour la tendresse & l'attachement que je vous ai
marquez ? D'un autre côté vous
m'a-

m'avez mis dans la nécessité de rompre tous les engagemens que j'ai pris avec votre famille pour votre éducation, car vous devez voir qu'il ne sçauroit y avoir de liaison desormais entre nous. Ce n'est pas pour un ingrat qui s'est rendu l'assassin de mon neveu, que j'irai prodiguer le reste de mes forces & de ma vie, je ne le pourrois pas même avec bienséance. Enfin quelle réception devez-vous attendre de Mr. le Duc, lorsqu'il sera informé de ce qui vient d'arriver? Il est déja irrité de votre absence, j'ai reçû ce matin une lettre de lui par un exprès, je connois son caractère, s'il a de la tendresse pour vous lorsqu'il vous voit attaché à votre devoir, ne comptez pas qu'il laisse vos desordres sans punition. Voilà, Monsieur, ajoutai-je ce que j'avois à vous dire, & ce qui m'a engagé à venir vous parler ici pour la derniere fois. Tout autre que moi n'y seroit venu peut-être que pour se saisir de votre personne, & vous livrer aux mains de la Justice, qui

pu-

punit comme vous sçavez les homi-
cides ; mais je sacrifie mes ressentiment au souvenir des liens qui
m'attachoient à vous ; retournez
chez Mr. votre pere & soiez assuré que je ne ferai nulle poursui-
te contre votre vie.

En finissant ce discours je fei-
gnis de vouloir me faire amener
mon cheval & de me disposer à
partir. Il m'arrêta d'un air troublé & inquiet. Ne m'abandonnez
pas, me dit-il, si vous aimez ma
vie, car je ne vous laisse voir que
la moitié de mes peines & je ne
sçai de quoi elles peuvent me rendre capable. Je lui répondis que
je ne voyois point quelles si grandes peines il pouvoit avoir hors
celles du repentir. Ou repentir
ou désespoir, réprit-il, elles sont
telles que si vous étes resolu comme vous dites, à m'abandonner &
à me laisser retourner seul chez
mon pere, je prens dès ce moment le parti de sortir du Royaume & d'aller par tout où il plaira
au Ciel de me conduire. Hé bien,
lui dis-je, je consens à vous re-

con-

conduire chez Mr. le Duc. Je vous remettrai entre ses mains. J'aurai ainsi répondu jusqu'à la fin à la confiance avec laquelle il s'étoit dechargé sur moi de tous les soins paternels ; plût-à-Dieu que vous ne m'eussiez pas contraint de quitter une qualité que j'avois acceptée si volontiers. Ma promesse le tranquilisa un peu ; je le priai de m'attendre le reste du jour au même lieu & d'y prendre quelque repos jusqu'au lendemain que je viendrois le rejoindre. Comme j'étois prêt à remonter à cheval, il me tira encore un moment à l'écart: je crains, me dit-il, de vous offenser de nouveau en vous parlant de votre niéce ; mais puisque vous n'ignorez pas l'ardeur de ma passion pour elle, ayez la bonté de m'apprendre en quel état vous l'avez laissée. Je lui répondis naturellement qu'elle étoit en bonne santé à mon départ.

Je trouvai en effet étant de retour au logis, qu'elle n'avoit point d'autre incommodité que beaucoup d'affliction ; mais il en étoit bien

autrement de Mylady R.... le
Chirurgien en levant le premier ap-
pareil, nous déclara que sa bleſ-
ſure étoit mortelle. Elle ne parut pas ſurpriſe ni fâchée de cette
nouvelle. Au contraire s'étant
tournée vers moi, elle me dit qu'elle remercioit le ciel de la retirer
du monde plutôt qu'elle n'eſpe-
roit ; qu'elle avoit deſiré la mort
tant de fois, que ſa préſence ne
lui cauſoit point de fraïeur ; qu'elle demandoit pardon à ma famille
du trouble qu'elle y avoit appor-
té ; que pour ce qui regardoit la
mort de Mr. de B... elle nous
conjuroit de ne pas la rejetter ſur
elle, parce qu'il n'y avoit rien eû
de criminel dans toutes ſes vuës ;
qu'elle n'avoit rien fait que par
amitié pour Nadine & par compaſſion pour le Marquis, & qu'elle ſe promettoit de la bonté du
Ciel qu'il ne puniroit point ces
deux foibleſſes comme il punit les
crimes. Elle nous pria enſuite de
recevoir ſes deux dernieres volontez ; par l'une elle faiſoit Nadine
héritiere des deux tiers de tout ce
qu'elle

qu'elle possedoit , & par l'autre
elle en leguoit la troisiéme partie
aux pauvres & aux malades de la
paroisse de ma fille. Elle mourut
avant la fin de la nuit dans des
douleurs très vives , je la plaignis
sincerement. Pour une Dame de
son rang & de son mérite sa vie
avoit été extrémement malheureuse. Sa mort ne l'étoit pas moins.
Elle se l'étoit sans doute attirée
par quelques démarches irrégulie-
res ; mais il étoit aisé de voir qu'il
y entroit moins de malice que de
foiblesse. Elle n'avoit jamais sçu
prendre d'empire sur ses passions ,
& elle s'étoit toujours laissée conduire par les caprices de l'amour
ou de la haine. Tel est le caractere de la plûpart des belles femmes , sur tout de celles qui ont
moins de raison & de vertu que
de beauté. Leurs charmes , ces
précieux dons du Ciel, leur devien-
nent plus funestes qu'aux malheureux amans qu'elles mettent dans
leurs fers , toute leur vie se passe
dans les agitations que leur cause
le desir de plaire , ou le chagrin
amer

amer de se voir négligées. La passion la plus déreglée de leurs amans ne les expose pas à plus de vicissitudes que leur propre legereté. Mais s'il arrive avec cela qu'elles ayent reçû de la nature un cœur tendre, c'est le comble de l'infortune pour elles, parcequ'elles font alors tout ensemble la victime de leur propre foiblesse & le jouet des idoles de leur cœur. Elles ont deux guides aveugles & bizarres, leur propre passion & celle des objets qu'elles cherissent. L'amour qui est toujours un tiran cruel les traite en esclaves, en même tems qu'il les fait servir à étendre son pouvoir, & qu'il les employe comme ses ministres.

Sa mort ne m'empêcha point de partir le lendemain au matin; je laissai à mon gendre & à ma fille le soin des funerailles, qui se firent simplement & à petit bruit. Le Marquis m'attendoit avec le seul Brissant; il avoit renvoyé les trois autres personnes de sa suite, de peur que je ne soubçonnasse quelque

que

que chofe du deffein qu'il avoit
eû. En chemin il employa ce qu'il
y a de plus tendre dans les manieres & de plus preffant dans les ex-
preffions, pour obtenir que je ne
me plaigniffe point de fa conduite
à Mr. fon pere. Il me fit fouvenir du refpect qu'il avoit toujours
eû pour moi, & de la docilité a-
vec laquelle il avoit reçû tous
mes confeils. Pour me convain-
ce de la fincerité de fon cœur, il
me confeffa toutes fes fautes, &
même celles, me dit-il, qu'il a-
voit eû deffein de me cacher. Ce
fut alors qu'il m'apprit les mefures qu'il avoit prifes pour enlever
ma niéce; mais il me protefta que
fa refolution n'étoit pas de l'époufer fans mon confentement & fans
celui de Mr. le Duc; qu'il l'auroit conduite dans un Couvent,
pour rompre feulement fon mariage avec Mr. de B... qu'il feroit
retourné enfuite à fon devoir, &
que s'il eût taché de me flechir,
ce n'eût été que par fes prieres &
par fes larmes : que pourvû que je
voulaffe m'expliquer avec bonté
fur

ſur ſon ſujet, il ne déſeperoit point d'amener Mr. le Duc à ſes deſirs ; qu'il s'étoit entretenu pluſieurs fois avec lui ſur ſon malheur d'Eſpagne, & que loin de lui reprocher ſa paſſion pour Donna Diana, il avoit regreté amerement ſa perte ; que ma niéce lui plairoit infailliblement ſi l'on pouvoit ménager une occaſion de la lui faire voir ; que ce n'étoit pas une choſe difficile, ni pour laquelle je duſſe avoir de l'éloignement; en un mot que ſi je conſentois à me prêter un peu, il ne doutoit pas qu'il ne pût parvenir à l'épouſer par des voyes honnêtes avec l'approbation de Mr. le Duc & de toute ſa famille. Je lui répondis qu'il joignoit enſemble bien des choſes qui ne s'accordoient gueres ; qu'il avoit beſoin du pardon de Mr. ſon pere, & qu'il parloit de lui demander des graces ; qu'il me propoſoit de s'allier avec ma famille, & qu'il avoit rompu les liens qu'il avoit avec moi ; qu'il ſouhaitoit d'épouſer ma niéce, & qu'il venoit de maſſacrer ſon époux.

J'a-

J'avois cru l'embarasser par cette réponse ; mais sans paroitre suspendu un seul moment, il reprit avec une effusion de cœur qui me fit connoitre mieux que jamais son excellent naturel; il est vrai que je suis coupable, mais rien ne peut m'empêcher de compter éternellement sur votre bonté, sur celle de mon pere, & sur celle de votre niéce. J'avouë que je fus vivement touché de cette tendre marque de confiance; cependant pour continuer à faire mon devoir & à le ramener au sien ; je lui dis que quoique je ne voulusse point lui ôter l'opinion qu'il avoit de l'amitié de Mr. le Duc & de la mienne, je souhaitois néanmoins qu'il ne s'en fit point une fausse idée ; qu'il connoissoit Mr. le Duc, il devoit le regarder comme un homme inflexible dans ses justes volontez ; & que pour moi s'il avoit appris à me connoitre dans le commerce étroit que nous avions eu l'un avec l'autre, il ne se flatteroit pas de me voir relacher un moment de ce que j'avois

une

une fois regardé comme mon devoir. Vous étes donc refolu de
me quitter, me dit-il triftement!
Encore une fois, repliquai-je, je
fuis refolu de faire mon devoir.
Je ne pus cependant refufer de lui
promettre que je donnerois le meilleur tour qu'il feroit poffible à fon
abfence, & au malheureux accident que fon imprudence avoit
caufé chez ma fille.

Nous trouvâmes une nombreu-
fe compagnie dans le château de
Mr. le Duc. C'étoit la fête du
Saint de la Paroiffe qu'il fe faifoit
un plaifir de celebrer à la maniere de
la campagne. Il avoit invité toute la Nobleffe du voifinage. Le
Marquis fut affiégé de compli-
mens à notre arrivée. Je profitai
de ce tems pour entretenir Mr. le
Duc en particulier. Il apprit avec
furprife les premiéres nouvelles
de l'avanture du Marquis. J'oubliai les interêts de ma famille
pour ne lui raconter la chofe
que de la maniere la plus favorable
à fon fils. Il entrevit néanmoins
l'excès de ma complaifance & il

me

me fit paroitre qu'il y étoit fort
sensible : mais ayant continué à
lui dire que quelque attachement
que je conservasse pour le Marquis, je me croiois obligé par la
bienseance de renoncer à sa conduite & au soin de son éducation,
je commençai à l'affliger véritable-
ment. Il me demanda si c'étoit
bien sérieusement que je me crus-
se obligé de prendre cette resolution. Elle me paroissoit si indis-
pensable que je ne tardai point à
lui répondre, qu'il étoit également
de mon honneur & du sien que cette séparation se fit ; que la reputation du Marquis n'en recevroit
nulle atteinte, parceque le Public
n'ignoreroit point de quelle maniere j'en avois usé avec lui depuis la mort de mon neveu, &
qu'on jugeroit avec raison que lui
en ayant marqué si peu de ressentiment, c'étoit un témoignage que
je ne lui en faisois point un crime;
mais que cela n'empêchoit point
qu'après un si tragique accident
nous ne dûssions garder des mesures, ne fût-ce que pour déferer en

quelque chofe aux idées populai-
res ; que je n'en aurois pas moins
de refpect pour fon illuftre maifon
ni en particulier moins d'affection
pour le Marquis ; que je ne me
priverois p s même du plaifir de
le voir fouvent & de lui renou-
veller le fouvenir de mes inftruc-
tions ; enfin qu'à la réferve d'une
liaifon auffi étroite que celle de
vivre & de voyager enfemble, il
n'y auroit nul changement dans
mes fentimens & dans mes manieres.   J'ajoutai que mon intention
d'ailleurs n'étoit pas de demeurer
plus longtems dans le monde ; que
je foupirois après la folitude d'où
le defir de l'obliger m'avoit fait
fortir ; que mon âge, mes dernieres fatigues, & mes nouveaux chagrins me rendoient plus que jamais
la retraite néceffaire, que je pro-
mettois à Dieu d'y rentrer auffi-
tôt que mon beau-frere auroit repris le chemin de l'Afie, & que je
balançois même fi je tiendrois la
promeffe que je lui avois faite de
le conduire jufqu'à Vienne.

Mr. le Duc eût peine à gouter
mes

mes raisons. Il emploia tout son esprit pour en affoiblir la force ; & voyant qu'elles faisoient toujours la même impreſſion ſur moi, il me fit cette propoſition. J'ai ici actuellement quinze ou ſeize perſonnes de qualité qui ont de l'eſprit & de l'uſage du monde ; conſultons les ſur le cas où vous étes. S'ils jugent comme vous que l'honneur ne vous permet point de demeurer plus longtems avec mon fils, je ceſſerai de vous importuner par mes inſtances. Je répondis en riant, que le reſpect qu'ils avoient pour lui ne manqueroit pas de faire pancher la balance. Nullement, me dit-il, j'intereſſerai leur honneur à me dire naturellement ce qu'ils penſent, je veux même que ma voix & celle de mon fils ſoit comptées pour rien. Ils ſeront nos juges, & ſi leurs ſentimens ſe partagent nous nous reglerons ſur la pluralité. Je me rendis à ſa volonté. Il fit aſſembler ſur le champ tout ce qu'il y avoit d'étrangers chez lui. Il s'y en trouva treize, la plûpart d'u-

ne

ne grande diftinction. Mr. le Duc
commença par leur apprendre la
mort de mon neveu avec toutes
les circonftances de cet accident.
Il leur propofa enfuite nôtre difficulté ; & pour prevenir la complaifance & la faveur, il pria chacun de donner fa voix en particulier par écrit. Cette cérémonie
extraordinaire fut terminée en un
moment. De treize voix douze
me furent favorables. Mr. le Duc
foufcrivit à ce jugement ; il fe contenta de m'en marquer beaucoup
de regret dans les termes les plus
honnêtes & les plus tendres. Le
Marquis en fut fi chagrin qu'il fe
retira fur le champ de l'affemblée.
Je le fuivis. En fortant il me dit
la larme à l'œil ; je me fuis donc
trompé cruellement, Monfieur,
en croiant avoir acquis un ami fincere & fidele. Je le priai de
m'écouter : je vous ai donné
jufqu'à préfent, lui répondis-je,
toutes les marques d'amitié qui
ont dépendu de mon pouvoir, & le
ciel m'eft témoin qu'il n'y en a
point que je ne fois encore difpo-
fé

fé à vous donner ; je n'en excepte point ma vie. Si vous avez donc quelque reproche à me faire, il ne peut tomber que fur la réfolution que j'ai prife de me féparer de vous: or examinez lequel de vous ou de moi eft le plus à plaindre ; ou vous qui ne perdez en moi qu'un homme ordinaire, dont l'unique mérite eft la droiture & la probité ; ou moi qui perds en vous un cher fils dont le commerce faifoit la principale douceur de ma vie. Ce que je dis eft pour vous faire comprendre que je ne vous quitte point fans regret, ni fans de puiffantes raifons. J'en ai même de plus fortes que celle que j'ai apportée à Mr. le Duc, quoi qu'elle ait parû fuffifante à tant d'honnêtes gens qui font chez vous. Faites donc affez de fond fur les affurances que je vous donne, pour vous perfuader que ce n'eft ni mécontentement, ni défaut d'amitié, ni défiance de la votre qui m'oblige à vous quitter.

Comme je me trouvois feul avec lui. Je le fis entrer dans le

jar-

jardin où nous nous aſſîmes dans
une allée couverte, & je continuai
ainſi à lui parler. Recevez ici, mon
cher Marquis, les derniers ſentimens de ma tendreſſe, ou plûtôt
ſes dernieres expreſſions, car le
ſentiment n'en finira qu'avec ma
vie. J'oublie tous les petits éga-
remens où vous étes tombé pour
n'avoir pas toujours ſuivi mes con-
ſeils, j'en accuſe la vivacité de
votre âge : J'oublie les dernieres
douleurs que vous m'avez cauſées,
je ſçai à quelle ſource je dois les
rapporter. Votre eſprit eſt droit
& ſans artifice ; votre cœur eſt ſincere, bienfaiſant, genereux ; il
eſt tel qu'il faut pour faire de vous
le plus aimable & le plus vertueux
de tous les hommes. O Dieu !
m'ecriai-je en m'interrompant moi-
même, pour faire ſur lui plus d'impreſſion, pourquoi permettez-vous
que les plus parfaits ouvrages de
vos mains puiſſent être corrom-
pus par les paſſions & défigurez
par le vice ! ſans ces cruels ennemis que d'heureux naturels ſe por-
teroient à la vertu par inclination !

que

que de fruits d'honneur, de fageffe & de moderation n'en recueil-
leroit-on pas pour l'avantage gé-
neral de la focieté humaine! L'a-
mour feul eft capable de les de-
truire. O mon cher Marquis!
armez-vous de courage contre cette honteufe foibleffe. Hélas! je
fçais que le poifon eft dans le fond
de votre cœur. Voyez les effets
funeftes qu'il a déja produit; en
moins de fix femaines il vous a
fait plonger vos mains trois fois
dans le fang. L'amour eft violent,
il eft injufte, il eft cruel, il eft capable de tous les excès, & il s'y
livre fans remords. Delivrez-vous
de l'amour, & je vous vois prefque fans défauts. L'âge meuri-
ra vos vertus. Il vous apportera
le mérite de les exercer avec connoiffance, vous deviendrez honnête homme par principes, c'eft-à-
dire d'une probité conftance & ine-
branlable; car la raifon fortifie la
nature, & lorfqu'elles fe prêtent
ainfi leur fecours elles forment les
grands hommes & les vertus par-
faites.

D 4

Je

Je parlois au Marquis avec un mouvement si animé, que je n'appercevois point un laquais qui étoit auprès de moi & qui n'osoit m'interrompre. Il venoit par l'ordre de Mr. le Duc nous prier de retourner à la salle. On nous y attendoit pour être présens au recit d'une Histoire qui devoit être racontée par un Gentilhomme de la compagnie. L'occasion en étoit venuë plaisamment. Comme on s'entretenoit de la résolution que j'avois prise de quitter le Marquis, & qu'on admiroit qu'il m'eût manqué une des treize voix pour l'approuver, celui qui m'avoit refusé la sienne se déclara hautement : c'est moi, dit-il, qui n'ai pas crû devoir être du sentiment des autres, mais vous ne serez pas surpris, Messieurs, de cette singularité, si vous avez la patience d'en vouloir entendre les raisons. Je me suis trouvé dans un cas semblable en quelque chose à celui dont il est question, & comme j'ai pris un parti tout different de celui pour lequel vous

vous

vous étes déclarez , il m'a paru que mon opinion devoit être conforme à ma conduite. Il offrit à Mr. le Duc de lui raconter son Histoire ; elle étoit connuë de quelques perfonnes de l'affemblée , qui la crurent affez agréable pour propofer de nous faire avertir. Le Gentilhomme fe nommoit Mr. de Sauvebœuf : il commença ainfi fon recit.

Après la mort de mon pere & de ma mere j'étois demeuré feul héritier de ma famille , avec une fœur agée d'environ fix ou fept ans. J'en avois alors vingt-deux & j'étois déja Capitaine de Cavalerie. Mon emploi ne me permettant point de veiller à l'education de ma fœur , mon pere avoit prié en mourant un riche Gentilhomme de nos voifins qui avoit une fille à peu près du même âge , de les faire élever enfemble & de tenir lieu de pere à ma fœur jufqu'à ce qu'elle eût atteint le tems de penfer au mariage. Cet honnête Gentilhomme dont le nom étoit Mr. d'Erletan entra de bon cœur

D 5

dans

dans les dernieres intentions d'un ami mourant. Il prit ma sœur chez lui & il n'eut pas moins de tendresse pour elle que pour sa propre fille. Il avoit outre cet enfant deux fils d'un âge peu different du mien. J'étois lié d'amitié avec eux. Il ne se passoit point d'année que je ne retournasse pour quelques mois dans la Province; & m'ennuiant de demeurer seul chez moi, j'étois continuellement chez Mrs. d'Erletan. Ils m'y obligeoient d'ailleurs par leurs honnêtetez. Je prenois plaisir aux differences sensibles que sept ou huit mois d'absence me faisoient appercevoir tous les ans dans ma sœur. Ses traits se developpoient, sa taille commençoit à se former; en peu d'années elle devint assez aimable pour attirer les yeux des jeunes d'Erletans. Ils prirent de la passion pour elle, tous deux presqu'en en même tems. L'aîné portoit le nom de la famille & l'autre s'appelloit d'Olingry. Il étoit impossible qu'étant l'un & l'autre avec la même inclination

dans

dans le cœur & n'ayant que les
mêmes occasions de la déclarer, ils
ils ne se reconnussent pas bien-tôt
pour Rivaux. Cette connoissance ne les empêcha point d'être a-
mis. Ils avoient toujours été mieux
ensemble que ne le sont communement des freres du même âge.
Cependant comme ils ne pouvoient prétendre tous deux à l'affection de ma sœur; ils se promi-
rent mutuellement de faire dépendre leur bonheur de son choix, &
son choix de leurs services ; de
sorte que le malheureux devoit ceder la place sans murmurer de son
sort. Leur passion sans doute é-
toit encore bien loin de l'excès,
lorsqu'ils faisoient entre eux cet
accord tranquille, ou ils connoissoient peu l'amour s'ils se crurent capables de l'observer. Ils
avoient ajouté au traité, qu'on se
rendroit compte de bonne foi des
progrez qu'on auroit fait, & que
de part & d'autre on seroit disposé à voir le triomphe d'un frere,
sans le regarder sous l'odieuse qualité de Rival. Ma sœur devint

l'ob-

l'objet de tous leurs foins ; ils dreſ-
ſerent leurs attaques avec methode.   Leur amitié ſe ſoutint longtems ſi parfaite qu'ils conferoient
enſemble ſûr les moyens de l'at-
tendrir , & quoi qu'ils paruſſent
agir diverſement , les deux ſiſte-
mes étoient l'effet de leurs réſolutions communes.   Ils furent même fideles aſſez long-tems à ſe
communiquer leurs plus ſecretes
diſpoſitions ; mais cela ne dura
qu'autant que leur fortune fut é-
gale & que l'inclination de ma
ſœur tarda à ſe déclarer. L'ainé
d'Erletan fut preferé par l'amour;
d'Olingry s'en apperçût.   Il étoit
vif & violent , peut-être même
n'avoit-il pas des vuës auſſi honnêtes que ſon frere ; l'evenement
du moins a donné lieu de le juger.
La froideur prit bien-tôt entre eux
la place de l'amitié.   D'Erletan
fut le premier qui parut plus re-
ſervé ; c'étoit moins par haine que
par conſideration pour ſon frere :
il n'avoit nulle raiſon de l'aimer
moins, il vouloit lui épargner ſeulement le chagrin d'apprendre ſa

mau-

mauvaife fortune de la bouche d'un Rival heureux. Cependant d'Olingry qui vit ce changement dans la conduite de fon ainé, decouvrit fans peine à quelle caufe il devoit l'attribuer. Il étoit trop emporté pour garder des mefures, il querella fon frere en lui réprochant fa diffimulation & fa mauvaife foi. Celui-ci lui protefta envain que fon déguifement venoit de pure amitié. Il ne pût appaifer par fes foumiffions ce cœur fier qui fe défefperoit d'être fupplanté & qui prenoit toutes fes careffes pour de nouvelles infultes.

Leurs affaires étoient dans cette fituation, continua Monfieur de Sauvebœuf, lorfque j'arrivai à Erletan. La divifion des deux freres fut une des premieres chofes dont je m'apperçus. Je les aimois tendrement. J'employai tous mes efforts pour les reconcilier. L'opiniâtreté de leur haine me rendit fi attentif à toutes leurs démarches, que je découvris enfin la caufe fecrete qui les divifoit. Je trem-

 blai

blai pour ma sœur, elle m'étoit
plus chere que moi-même. Je la
priai avec inſtance de m'apprendre tout ce qu'elle ſçavoit de ce
fatal miſtere. Je ne remarquai que
trop par ſon embarras qu'elle y é-
toit elle-même intereſſée, & quoique je tiraſſe d'elle quelques aveus
vagues & incertains, il m'étoit aiſé de voir que la moitié de la verité demeuroit au fond de ſon
cœur. Mon inquietude devint ſi
forte que je pris la réſolution de
la tirer de chez Mr. d'Erletan. Je
ne me défiois point abſolument
de ſa ſageſſe; mais je la voyois
expoſée à un danger inutile : elle
n'étoit point un parti aſſez riche
pour l'ainé des deux freres, & la
mauvaiſe humeur de d'Olingry me
faiſoit connoitre manifeſtement
qu'il n'étoit point l'amant favori-
ſé. Je la priai donc de ſe préparer au départ, & pour ne rien faire qui ſentît l'affectation, je repre-
ſentai à Mr. d'Erletan le pere, que
ma maiſon & mes affaires ayant
beſoin d'un guide, ma sœur étoit
en âge d'en prendre la conduite.
D'Er-

D'Erletan l'aîné apprehenda que cet éloignement ne lui fit perdre la conquête. Ses vuës étoient pleines d'honneur ; il auroit épousé ma sœur sans balancer, si la crainte de déplaire à son pere & un reste de considération pour le malheureux d'Olingry ne l'eussent arreté. Se voyant néanmoins à la veille d'être séparé d'elle & se defiant de la violence de son frere, l'amour éteignit tous ses scrupules. Il lui proposa de l'épouser secretement avant son départ ; elle y consentit. Ils se firent marier le soir même par le Curé de la Paroisse dans la chapelle du Château. Quelque attention qu'eût sans cesse d'Olingry à veiller sur leurs démarches ils avoient pris de si justes mesures, qu'il n'eût pas le moindre soubçon de leur mariage ; mais ils s'observerent moins après la cérémonie ; desorte que s'etant arrêtez dans un vestibule pour concerter de quelle maniere ils pourroient passer la nuit ensemble, le mauvais genie de nos deux familles l'amena assez proche d'eux

pour

pour entendre une partie de leur difcours. Ma fœur couchoit ordinairement dans une chambre qui touchoit à celle même de Mr d'Erletan le pere. Sa femme de chambre qui étoit dans le fecret du mariage, couchoit dans un cabinet voifin. D'Erletan convint avec ma fœur qu'à l'heure ou chacun fe met au lit, il fe rendroit à fa chambre, & qu'à un certain fignal elle lui feroit ouvrir fa porte. Ils fe féparerent enfuite pour ne pas donner lieu aux foubçons.

On a toujours rendu cette juftice à d'Olingry, qu'il n'avoit pas la moindre connoiffance de leur mariage; fans quoi il faudroit regarder la réfolution qu'il forma comme un prodige d'horreur & d'inhumanité. Il fe figura fans doute que ma fœur s'étoit laiffée féduire par d'Erletan, & qu'elle confentoit au facrifice de fon honneur. La rage de voir fon frere fi heureux lui fit perdre toute confideration. Il refolut d'emporter par adreffe ce qu'il croioit que

l'au-

l'autre devoit auſſi à ſes artifices;
en un mot il eſpera qu'à la faveur
du ſilence & de l'obſcurité il pourroit paſſer pour d'Erletan & occuper la place que ma ſœur lui deſ-
tinoit. Il ne manqua pas d'inven-
tions pour le tenir éloigné pendant
une partie de la nuit. Son horrible deſſein réuſſit au delà de ſes
eſperances. Ma ſœur aida elle
même à ſe tromper en lui recommandant le ſilence dans la crainte
d'eveiller Mr. d'Erletan le pere.
D'Olingri ſe rendit ainſi le plus criminel de tous les hommes, en vio-
lant impunément les droits les plus
ſacrez. D'Erletan s'impatientoit
pendant ce tems-là de l'obſtacle
imprevû qui l'avoit arꝗêté. Il ne
ſe vit pas plutôt libre, qu'il cou-
rût à la chambre de ma ſœur &
qu'il donna le ſignal pour ſe faire
ouvrir. Il redoubla pluſieurs fois
pour être entendu. Enfin la femme de chambre s'étant approchée
de la porte & ayant demandé doucement qui c'étoit, il crut ſe faire
un mérite en marquant par des
termes fort vifs le chagrin qu'il a-
voit

voit eû de ne pouvoir venir plutôt. Cette femme qui croioit
d'Erletan entre les bras de sa maitresse le repoussa rudement, & s'i-
maginant même que c'étoit d'O-
lingry, elle le railla malignement
sur l'esperance qu'il avoit de coucher avec ma sœur : elle lui dit
quelques paroles offençantes sur
la folie & l'inutilité de ses prétentions. Tout cela se passoit dans
l'obscurité. D'Erletan piqué jusqu'au vif se retira, en maudissant
l'inconstance des femmes. Sa colere alla jusqu'à lui persuader que
le dessein de ma sœur étoit de prendre avec lui des airs de hauteur
& d'empire, & qu'elle avoit voulû la premiére nuit de ses nôces
lui faire faire un essai d'esclavage.
Il n'y a point d'excès où l'amour
irrité ne puisse se porter. Il retourna dans sa chambre plein de ressentiment, & en formant mille
projets de vengeance.

Lorsque la passion de d'Olingry
fut satisfaite, il quitta ma sœur assez froidement, sous prétexte de
ne pas l'exposer en demeurant jusqu'au

qu'au jour avec elle. Il alla s'applaudir ailleurs du succès de son crime, ou peut-être en sentoit-il déja le remord. Le reste de la nuit se passa tranquillement. Le lendemain matin étant descendu par hazard pour aller prendre l'air au jardin, je rencontrai ma sœur dans un sallon, seule & qui fondoit en larmes. Ma présence parût redoubler sa douleur. Etant extremêment emû de ce spectacle, je lui en demandai la cause avec empressement. Elle fut embarassée à me répondre. Ce n'est rien me dit-elle, ce sont des accès de tristesse qui me saisissent quelquefois. Comme son air & ses soupirs la trahissoient, j'eus le pressentiment de quelque avanture tuneste, & je la pressai si fort en mêlant les caresses & les menaces, qu'elle consentit à m'ouvrir son cœur, à condition, me dit-elle, que je garderois un secret inviolable. Je lui promis tout ce qu'elle voulût. Tant de précautions me faisoient attendre un étrange secret. Enfin elle me découvrit son amour

pour

pour l'ainé d'Erletan , & fon mariage qui s'étoit fait la veille.   Je
l'ai reçu continua-t-elle cette nuit
dans ma chambre , il m'a comblée
de careffes , je me croiois la plus
heureufe de toutes les femmes.
Comme il a été obligé de me quitter vers le jour , je me fuis levée
plutôt qu'à l'ordinaire par le feul
empreffement de le revoir.   Je
viens de le rencontrer ici ; oh!
mon frere , ajouta-t-elle en renouvellant fes foupirs , que les hommes font faux & méchans ! Lorfque j'allois au devant de lui les
bras ouverts pour l'embraffer avec
toute ma tendreffe , il m'a répouffée
d'un air méprifant , il m'a fait les
menaces les plus effrayantes , enfin
il m'a traitée avec une dureté qui
me fait mourir. Je me fuis jettée
à fes genoux pour l'arrêter ; mais
loin d'être émû par mes pleurs il
m'a écartée de lui fi rudement , que
je fuis tombée par terre , & il a
eû la barbarie de m'abandonner
dans cet état. Oh ! me dit-elle en
pouvant à peine prononcer , il faut
que je meure ; mon cœur eft brifé
cruel-

cruellement , il m'est impossible de vivre avec la peine que je souffre. Je fus saisi de ce discours jusqu'à demeurer quelque tems immobile. Ma rage peut mieux être conçue qu'exprimée. Le traitre ! m'écriai-je ; quoi ! il vous a indignement poussée par terre & il a eu la cruauté de vous y laisser ? Ah ! fut-il au fond des Enfers je lui arracherai le cœur de mes propres mains. Elle fit inutilement des efforts pour m'arrêter , en me réprésentant que je lui avois juré le secret ; que tout barbare qu'il étoit elle l'aimoit encore & qu'elle lui pardonneroit même sa mort. Je m'échapai de ses mains resolu de plonger mon épée dans le cœur au lache d'Erletan , sans lui donner même le tems de tirer la sienne. La prémiere personne que je rencontrai fut Mr. d'Erletan le pere , qui me demanda si je n'avois pas vû son fils ainé ! Non lui répondis-je d'un air furieux , mais je le cherche , & si vous le voyez avant moi vous verrez un lâche & un coquin. A quoi tient-il , ajou-

tai-

tai-je en portant la main fur mon épée, que je ne te perce toi-même de mille coups, pour avoir donné la vie à cet execrable monftre. Mr. d'Erletan fut fi effraié de mon action qu'il demeura fans replique. Je le confiderai un moment avec un regard troublé, enfin mes yeux s'eclaircirent. Ce bon viellard me fit pitié. J'eus honte d'avoir outragé un homme qui nous avoit fervi de pere à moi & à ma fœur. Ah? lui dis-je, en l'embraffant pardonnez cette folie à mon tranfport, je fuis un malheureux de vous avoir infulté mal à propos; c'eft votre indigne fils qui va me payer pour tout, ajoutai-je en voulant le quitter. Il emploia toute fa force pour m'arrêter. Il me conjura de lui apprendre ce qui caufoit le trouble où il me voyoit, en m'affurant que fi fon fils m'avoit offencé, il l'obligeroit à me faire des réparations dont je ferois content. M'avoir offencé? reprisje, le lâche n'oferoit; il n'eft capable que d'infulter des femmes. Il a outragé ma fœur & il ne tardera

dera

dera gueres a être puni. Ma fureur étoit telle que je voulois m'echaper absolument des mains de ce bon homme. Cependant il obtint de moi que je lui expliquerois du moins en deux mots l'injure faite à ma sœur. Votre fils l'a épousée lui dis-je, & il la... épousé votre sœur ! interrompit-il avec surprise ; Ouï, ma sœur, continuai-je, qui est d'aussi ancienne & d'aussi honnête maison que vous, & dont l'alliance ne feroit point deshonneur à un Prince ; il l'épousa hier au soir, & il l'a traitée aujourd'hui comme il n'appartient qu'à un lâche & à un malhonnête homme. Je vous ferai justice, repliqua-t-il promptement : s'il l'a épousée c'est une affaire finie, je prétens qu'il en use bien avec elle ; mais je vous conjure ajouta-t-il par la memoire de votre pere, de me laisser prendre plus de connoissance de cette affaire. Je vous engage ma foi que vous serez content de la justice que je vous ferai. Je punirai mon fils, je le mettrai dans son devoir. Je

ne

ne vous demande qu'un délai de quelques momens. Ses inſtances furent ſi vives & ſi preſſantes, qu'elles eurent le pouvoir de me calmer un peu. Je lui promis de me retirer dans ma chambre & de lui accorder le tems de faire ſes efforts pour faire prendre de meilleures manieres à ſon fils.

Pendant que ce funeſte mal entendu m'alloit faire égorger ainſi l'aiué d'Erletan, ſon malheureux frere apprit par un domeſtique quelque choſe de ce qui s'étoit paſſé entre ſon pere & moi. Il venoit ſans doute pour en être mieux inſtruit, lorſque je m'en retournai à ma chambre. Je le rencontrai ſur l'eſcalier; il rougit en me voyant, & il me demanda s'il étoit arrivé quelque choſe de nouveau dans la maiſon. J'étois encore trop plein de mon reſſentiment pour en faire un miſtere à perſonne. Je lui racontai l'Hiſtoire du mariage de ma ſœur & de la conduite barbare de ſon frere, en accompagnant ma narration de toutes les marques de ma colere & de ma haine contre

d'Er-

d'Erletan. Je faisois peu d'attention aux mouvemens que ce recit
pouvoit produire sur son visage;
mais à peine eus-je fini qu'il se-
cria d'un ton plus funeste que je
ne puis dire, juste Ciel! quelles
horreurs! par qui cette sanglante
tragedie commence-t-elle! Il me
quitta sans ajouter un seul mot.
Occupé comme j'étois de mes peines je ne remarquai point ce qu'il
devint. Je me renfermai dans ma
chambre, où je demeurai jusqu'à
ce qu'on vint m'avertir pour assister à la plus terrible & la plus
touchante de toutes les scenes.
Messieurs, nous dit Mr. de Sauvebœuf, vous étes dans un moment
à la catastrophe.

D'Olingry, continua-t-il, n'eut
point besoin d'une plus grande ex-
plication pour connoitre son crime, ni pour en voir tout d'un coup
les tristes consequences. Il comprit qu'il n'y avoit qu'un seul
moyen de les éviter ; c'étoit de
confesser sa faute à ma sœur, &
de l'engager au silence pour leur
commun interêt. Il résolut de

tenter cette voye avant que de se porter à des extremitez qu'il méditoit déja. Il alla donc la trouver. Il demanda à l'entretenir seule. Quoiqu'il fût naturellement hardi il ne s'expliqua qu'en tremblant. Ma sœur m'a dit avant sa mort que quelque éloignée qu'elle fût de s'imaginer la perfidie dont il venoit s'accuser, elle avoit tremblé elle-même en voyant l'air égaré de ses yeux & la pâleur de son visage au moment qu'il commença à parler. Elle lui épargna la peine d'achever son recit, trois mots suffisoient pour le faire entendre. Elle jetta un cri perçant qui attira auprès d'elle tous ceux qui étoient dans les chambres voisines ; ils la trouverent dans un évanouissement qui differoit fort peu de la mort. D'Olingry crut devoir se retirer. Lorsqu'elle eut un peu rappellé ses esprits elle s'abandonna à tous les mouvements de la douleur & du desespoir. Son cher d'Erletan lui étoit ravi pour toujours ; Elle s'étoit plainte de sa rigueur, & c'étoit elle le maintenant qui se trouvoit si coupable qu'elle devoit éviter éternellement sa présence ; elle l'aploit néanmoins à son secours, elle prononçoit son nom mille fois ; de sorte que ses femmes qui ignoroient de quoi il étoit question, se crurent obligées de le faire avertir. On le chercha longtems sans le pouvoir trouver. Il s'étoit enfoncé dans le bois avec son pere pour s'entretenir de ses chagrins. D'Erletan avoit le cœur bon & généreux, & malgré sa colere qui lui paroissoit juste, il aimoit encore éperduement ma sœur. Quoique tous les discours de son pere n'eussent pû flechir son esprit & le porter à la reconciliation, il ne pût apprendre l'état où elle étoit, & qu'elle desiroit si ardemment de le voir, sans être emû de la plus tendre compassion. Il accourut à elle. Son pere le laissa aller seul, s'imaginant que le moment de la paix étoit venu. Il s'approcha de son épouse d'un air plus soumis que s'il eut été réellement l'offenseur. Elle qui le croioit in-

struit

struit de son malheur & de sa honte, & qui n'attribuoit qu'à cette
connoissance la maniere dont il
l'avoit traitée le matin, paroissoit
de son côté tremblante & humiliée;
de sorte que cette étrange entrevûe
n'avoit pû être expliquée que par
d'Olingry le miserable auteur de
tant d'infortunes. Cependant s'il
n'échapa rien d'assès clair à ma
sœur pour porter d'odieuses lumieres dans l'esprit de son époux,
l'obscurité même de ses expressions
fut un nouveau tourment pour lui.
Il ne pouvoit concevoir pourquoi
elle refusoit ses caresses & la main
qu'il lui offroit pour se reconcilier, dans le tems même qu'elle
paroissoit contente de le revoir tendre & amoureux. Il découvroit
en elle un mélange de joie & de
desespoir, d'horreur & de tendresse pour lui. Elle souhaitoit de le
voir sans cesse, & elle lui parloit
de se séparer pour toujours. Toutes ces contrarietez l'épouvan-
toient. C'étoit d'Olingry seul qui
pouvoit les éclaircir. Le moment
en approchoit. Ce malheureux
ne

ne s'étoit point écarté si loin qu'il n'eût entendu toute la conversation de d'Erletan & de son épousé; il en fut touché vive.nent. Dieu seul connoit si ce fut repentir ou desespoir. Il pria son pere de faire appeller pour un moment son aîné sous quelques prétextes, & étant entré dans la chambre lorsqu'il l'en eût vû sortir, il pria ma sœur qui parût effrayée de sa présence de l'écouter pour la derniére fois. Il lui dit que n'ayant point perdu un mot de la conversation qu'elle venoit d'avoir avec son époux, il avoit observé qu'il n'avoit aucune connoissance ni même aucun soubçon du malheur de la nuit précedente; qu'il étoit donc aisé de rémedier au mal en le cachant par un éternel silence; qu'elle n'avoit qu'à se répondre d'elle-même & de sa femme de chambre & à vivre tranquillement avec son époux; que pour ce qui le regardoit outre son propre intérêt & l'honneur de sa famille qui l'obligeoient au secret, il se mettroit hors d'état de le réveler

en

en allant s'enfevelir dans un Mo-
naftere pour le refte de fa vie. Ma
fœur eut peine à fouffrir qu'il a-
chevât. Elle lui répondit fans jetter les yeux fur lui, que c'étoit trop
qu'il l'eût couverte de honte &
qu'il eût ruïné tout le bonheur de
fes jours par un crime dont il é-
toit feul coupable ; qu'elle n'avoit
pas deffein de le devenir autant
que lui en fuivant fon damnable
confeil, & en portant ce qu'il a-
voit fouillé dans le lit de fon é-
poux ; qu'elle abandonnoit à la
fortune fa vie & fa deftinée ; &
qu'elle n'étoit jaloufe que de fon
innocence. Penfez y bien, Madame, reprit-il, vous n'avez qu'un
moment pour y penfer. Mon parti eft pris, lui dit ma fœur ; & le
mien auffi ajouta-il en fortant. Il
trouva fon frere dans une chambre voifine. Il le tira à l'écart.
Là après lui avoir réproché en termes fanglans fa perfidie dans fon
mariage fecret & dans toute la conduite de fon amour, il lui déclara
nettement qu'il avoit fouillé fon lit
la nuit précedente ; & comme d'Erletan

letan dans le prémier transport où le jetta cette funeste nouvelle paroissoit porter la main à son épée, il le prévint d'un coup de poignard qu'il tenoit préparé. Quoique le coup fût profond la fureur de d'Erletan empêcha qu'il n'en fût affoibli sur le champ. Il eut assez de force pour tirer son épée & pour la passer au travers du corps à son meurtrier. Il est vrai que d'Olingry ne fit nul mouvement pour l'éviter. Les domestiques qui accoururent au bruit le virent tomber & l'entendirent prononcer quelques paroles en mourant, par lesquelles il marquoit de la joye de ce que son frere s'étoit ainsi chargé du crime de sa mort, comme il lui réprochoit de l'être déja de celui de son inceste. Il expira presqu'aussi-tôt. Un horrible mélangé de pleurs & de cris s'étant répandu dans la maison, je mis la tête hors de ma chambre où j'étois renfermé depuis deux heures. Je vis un laquais hors d'haleine qui venoit m'avertir de descendre; oh! Mr. me dit-il, tous mes mai-

tres

tres sont égorgez. Je courus, où plutôt je me précipitai sur l'escalier. J'apperçus les deux freres étendus, l'un mort, l'autre expirant. Leur pere tout éperdu s'efforcoit de leur donner quelques secours inutiles. Approchez, Mr. de Sauvebœuf, me dit d'Erletan d'une voix foible, approchez. Venez voir expirer le plus criminel & le plus malheureux de tous les hommes. Quoique j'ignorasse encore la cause de ce triste accident, je ne pus me deffendre de quelques mouvemens de compassion. D'Erletan sans me donner le tems de parler m'apprit en deux mots son malheur & le crime de son frere. Je frémis d'horreur, il s'en apperçut. Je ne sçai continua-t-il si je mérite votre haine ; mais par où ai-je pû m'attirer celle du ciel. Hélas ! qu'avois-je fait dans toute ma vie pour en être traité si cruellement ! je l'exhortai à se reconcilier avec Dieu. Ah ? me dit-il, la maniere dont il me traite me fait trop voir que je n'ai point de misericorde à en esperer. Ma sœur
entra

entra dans cet inftant en perçant le Ciel de fes cris & en arrachant fes cheveux ; mais lorsqu'il ouvroit les bras pour la recevoir , elle s'arrêta , & lui-même parût avoir honte du mouvement qu'il avoit fait. Je mourrai donc fans l'embraffer , lui dit-il , cette confolation ne m'eft pas même permife. O crime deteftable ! O malheureux frere ! Elle de fon côté le regardoit avec des yeux égarez , & elle paroiffoit n'avoir plus le pouvoir de prononcer une parole. Elle tourna deux ou trois fois autour de lui, comme fi elle eût voulu s'approcher, pendant qu'il s'efforçoit de remuer la tête pour la fuivre de fes regards. Il fembloit qu'une main invifible la retint, ou qu'elle fût au bord d'un affreux précipice dont la vuë l'epouvantoit ; enfin ne pouvant plus refifter à des mouvemens fi violens elle tomba proche de lui fans connoiffance. Il recueillit toutes fes forces pour faifir une de fes mains fur laquelle il tint fa bouche collée pendant deux ou trois minutes.

nutes. Au nom de Dieu, me dit-il, prennez soin d'elle & empêchez la de mourir. On s'occupoit pendant ce tems-là à bander sa playe. Il avoit été trop troublé pour y faire attention, mais lorsqu'on voulût l'emporter dans un lieu plus commode; non, non, s'écria-t-il en s'arrachant tous ses linges, mon dessein n'est pas de vivre. Il tendit ses bras pour embrasser son pere, & ses derniers mots furent la priere qu'il lui fit de me donner sa sœur en mariage & de me faire son héritier. Lorsque je lui eûs vû rendre le dernier soupir, je me retirai pour prendre soin de ma sœur; elle revint à elle, mais ses yeux me parurent si éteints, & ses forces si épuisées que je désesperai de sa vie. Elle languit pendant quelque tems dans des deffaillances continuelles, & elle mourût assez-tôt pour être enterrée dans le même tombeau que son époux. Mr. de Sauvebœuf finit son histoire en nous disant, qu'il s'étoit marié depuis avec Mademoiselle d'Erletan. Vous voyez, Mr. ajouta-t-il

t-il en s'adreſſant à moi, que j'a
eû de bonnes raiſons pour n'être
pas du ſentiment de la compagnie
par rapport à vous. Le motif qui
vous fait quitter Mr. le Marquis
n'eſt pas plus fort que celui qui
pouvoit m'empêcher d'épouſer la
ſœur de Mr. d'Erletan. J'ai crû
que mon propre exemple qui a été
approuvé par toutes les perſonnes
de ma connoiſſance, m'autoriſoit
à vous conſeiller de prendre la
même conduite. Je fis remarquer
à Mr. de Sauvebœuf qu'il y avoit
quelque difference entre les deux
cas, & ſon hiſtoire n'altera point
ma réſolution.

Comme j'étois perſuadé qu'en
me ſéparant rien ne m'obligeoit
à rompre les meſures de la bien-
ſeance & de l'amitié, je paſſai encore quelques jours chez Mr. le
Duc; j'y aurois même demeuré
plus longtems ſi je n'euſſe été
obligé de retourner chez ma fille
pour l'aider à ſortir d'une affaire
fort embaraſſante. Un jour que
j'étois à ſouper avec Mr. le Duc,
un laquais de mon gendre arriva
E 6

à

à toute bride & demanda à me remettre promptement une lettre, C'étoit ma fille qui m'écrivoit. Elle me marquoit que la nuit précedente on avoit attaché à sa porte un billet par lequel on la menaçoit de mettre le feu à sa maison, si dans le terme de quatre jours elle ne faisoit porter deux mille écus dans un endroit écarté qu'on lui assignoit. Elle n'étoit point la seule à qui cette menace eût été faite. Quantité de Gentilhommes & de riches fermiers avoient eû le même malheur depuis trois ou quatre mois, & ceux qui avoient trop aimé leur argent s'étoient vûs ruiner effectivement par des incendies. Mr. le Duc m'offrit tout son monde pour defendre la maison de ma fille : mais après avoir consideré sérieusement cette affaire, je jugeai que c'étoit à l'adresse qu'il falloit avoir recours plutôt qu'à la force. Je resolus de me rendre incessamment sur le lieu. Il y avoit deux jours de route ordinaire jusqu'à la terre de ma fille; mais un jour suffisoit par la poste.

Ainsi

Ainsi je crus qu'il seroit assez-tôt
de partir le lendemain. Je fis mes
adieux le soir à Mr. le Duc.
Comme nous touchions au dernier moment de nôtre séparation
le Marquis me tint compagnie pendant une partie de la nuit. Je lui
renouvellai mes conseils pour toute
la conduite de sa vie. Je lui fis
une peinture exacte de son propre
caractere, sans ménager ses défauts & sans lui cacher ses bonnes qualitez. Je parcourus avec
lui toutes les situations où peut se
trouver une personne de son rang
& de sa naissance. Je lui en fis
appercevoir les dangers, & je lui
montrai le vice presque toujours
à côté du chemin. Enfin j'ouvris
devant ses yeux la carriere de la
vertu. Voilà, lui dis-je, où vous
pouvez marcher avec gloire &
avec joye. La nature & l'instruc-
tion vous prêtent leur secours. Je
ne connois personne à qui la sagesse doive coûter moins qu'à
vous. Quels seroient vos obsta-
cles ! Quelques passions badines
peuvent-elles entrer en concurren-

E 7

ce

ce avec les plus puiffans de tous les motifs ? vous feront-elles oublier votre naiffance, éteindre vos lumieres, & combattre vos heureufes inclinations ? Je vous parle en particulier de l'amour. C'eft la feule foibleffe qui vous expofera toujours au danger. Je fçais qu'il eft maitre à préfent de votre cœur; mais parlons naturellement, manquez-vous de remedes ? Vous allez voir combien j'en ai encore à vous offrir. Laiffez moi defcendre au fond de ce cœur dont vous croiez la guérifon fi défefperée. J'y oppoferai aux attraits d'une femme les charmes de la vertu & de l'innocence, aux folles joyes des fens l'avantage ineftimable de fçavoir ufer de fa raifon, aux tranfports d'une poffeffion de quelques momens la longue & douce tranquilité qui eft le fruit de la moderation & de la fageffe. Je ne vous nomme point ici des biens chimeriques, où qui vous foient inconnus : vous les avez goûtez avant que de vous laiffer vaincre par vôtre paffion ; comment avez-

vous

vous pû confentir à les perdre?
je pardonne à une ame commune
de chercher fa felicité dans les
plaifirs de l'amour ; ils l'élevent
en quelque forte au - deffus de fa
portée en lui ouvrant les fources
de joye aufquelles elle n'avoit rien
trouvé d'égal dans fa baffeffe naturelle : mais une grande ame fe
ravalle & s'avilit par les paffions
amoureufes. Elle eft faite pour
une efpece de plaifirs plus délicats.
Sa felicité eft d'un autre ordre. Elle la trouve en elle-même par fes
réflexions, par fon goût pour la
vérité, l'honneur, la bonté, & la
juftice ; pourquoi en chercheroit-
elle une moins digne d'elle au dehors? Elle fent qu'elle peut s'en
affurer la durée ; pourquoi la feroit-elle dépendre d'une chofe auffi
fragile que la beauté des femmes,
où auffi legere que leur humeur,
qui eft encore plus fujette à changer que leur beauté? Non, mon
cher Marquis, il ne fçauroit y
avoir de vraie grandeur d'ame dans
un efclave de l'amour : une tendreffe exceffive femble exclure la
fer-

fermeté ; les flateries & les caref-
res amolissent le courage ; les ja-
lousies, les inquietudes troublent
la serenité de l'esprit ; le soin de
plaire détruit l'attention nécessaire
aux entreprises importantes ; enfin
le goût du plaisir des sens est opposé directement à celui de la verité , & tôt ou tard il entraine
après soi la ruine même de la
vertu.

Le Marquis écouta cette morale
avec sa docilité ordinaire ; mais
malgré mes déclamations contre
l'amour, il me pria de lui apprendre avant que de le quitter ce que
Mr. le Duc pensoit de son inclination pour ma niéce. Cette quef-
tion me fit juger que je devois attendre peu de fruit de mon difcours. Cependant je lui répondis sans marquer de mécontentement, que Mr. le Duc ne m'en
avoit point parlé comme d'une
chofe férieufe, & que perfonne en
effet ne la regarderoit jamais que
comme un badinage ; qu'il étoit
fâcheux feulement qu'elle eût produit de fi triftes effets, mais que
j'en

j'en étois confolé s'ils fervoient du moins à fon inftruction. Ce furent mes dernieres paroles, aux quelles je ne lui laiffai point le tems de répondre. Je montai dans ma chaife de pofte avant la pointe du jour.

LIVRE CINQUIEME.

JE réflechis beaucoup enchemin fur la démarche que je venois de faire. Le Ciel connoit que mon premier fentiment en fut un de reconnoiffance pour la faveur qu'il m'avoit accordée en rompant à la fin mes liens. Il connoit auffi que je n'avois pas trompé le Marquis, lorfque je l'avois affuré de mon tendre attachement & du regret que je fentois à le quitter. Cependant ce regret tomboit peut-être moins fur la féparation même que fur les raifons pour lefquelles je m'y croiois obligé ; c'eft-à-dire, que j'euffe fouhaité de toute mon âme d'être dans un âge & dans une difpofition d'efprit qui

m'eût

m'eût permis de continuer à rendre mes services à Mr. le Duc ; mais la situation où je me trouvois ne pouvant s'accorder avec cet engagement, j'étois ravi dans le fond du cœur de me revoir en liberté. Les motifs de bienseance qui m'avoient servi de prétexte n'étoient pas mes motifs les plus puissans, quoi qu'ils eussent paru suffire pour justifier ma retraite. Mon âge en étoit encore un plus foible ; je ne manquois ni de force ni de santé. Je veux reveler ici le ressort secret qui m'avoit fait agir. Il se passoit depuis peu dans mon ame une nouvelle scene qui en augmentoit extremement le trouble, ou plutôt qui m'en faisoit sentir un d'une nature extraordinaire & qui m'avoit été inconnüe jusqu'alors. J'avois éprouvé dans le cours de ma vie des pertes de tous les genres, & j'avois passé par consequent par tous les degrez de la douleur : mais ayant toujours vêcu dans l'éloignement du vice, je n'avois jamais perdu cette espece de satisfaction interieure qui est le partage de l'innocence. J'avois crû devoir

voir regarder toutes mes infortunes comme une épreuve du ciel,
parce que je n'avois jamais senti
de remords qui m'eussent averti
qu'elles fussent un châtiment. Cette disposition de cœur est d'un secours admirable pour les malheureux dans les transports mêmes
qui ressemblent le plus au desespoir. Or j'avois perdu depuis quelque tems cette douce consolation
de mes peines. La mort de Mylady R... troubloit le repos de
ma conscience. Je m'en accusois
à tout moment comme d'un crime où j'avois du moins contribué.
Premiérement, disois-je, c'est moi
qui l'ai tirée d'Angleterre; & de-
vois-je attendre si tard à reconnoitre qu'une action de cette nature
offençoit le Ciel & blessoit le devoir ! Quel droit avois-je d'ôter
cette Dame à son époux & de l'aider à rompre tous les engagemens
du mariage? Quelle étrange compassion que celle qui s'exerce en
commettant un crime, & qui offence mortellement un innocent
pour consoler une malheureuse?
d'ail-

d'ailleurs, continuois-je, qui m'af-
surera que le sentiment qui me
faisoit agir, & que j'appellois a-
lors pitié, n'étoit point une passion dereglée? Il est vrai que je
l'ai vaincüe à la fin, mais l'ai-je
toujours combattue? & s'il ne faut
qu'un moment à l'amour pour
répandre son poison, qui peut me
répondre que le ressort de mon
cœur en servant Mylady, n'étoit
point la secrette esperance de se
satisfaire plus facilement, lorsqu'elle seroit éloignée de son époux.
Ainsi c'est peut-être un amour
criminel qui m'a porté à l'enlevement d'une femme mariée. Quelle autre raison pouvois-je avoir
de lui procurer une retraite chez
ma fille? Pourquoi aurois-je pris
tant d'interêt à la fortune d'une
inconnuë? Ai-je oublié mes agitations, mes soupirs, mes larmes,
& puis-je croire que tout cela se
soit accordé avec l'innocence?
Pour ce qui regarde le funeste accident de sa mort, il est certain
que je ne l'ai pû prévoir, & que
je n'aurois rien épargné pour l'é-
viter.

viter. Mais en fuis-je beaucoup moins coupable ? N'a-t-il pas eû fa fource dans les foibleffes dont je viens de m'accufer. En un mot fi je n'avois aimé Mylady R.... plus qu'il ne m'étoit permis par le devoir, feroit-elle fortie d'Angleterre, auroit-elle demeuré chez ma fille, & y auroit-elle péri miferablement ? C'eft donc fur moi que retombe & le defordre de fa fuite & le crime de fa mort.

Soit foibleffe d'efprit, foit vif fentiment de religion, je trouvois dans ces réflexions un fujet terrible d'inquietude. Si j'étois coupable il falloit faire ma paix avec le Ciel par la penitence ; fi je ne l'étois point il falloit appaifer du moins le cri de ma confcience en me guériffant de mes fcrupules, & je concluois de l'un & de l'autre que la folitude m'étoit devenüe plus néceffaire que jamais. Mon Lecteur voit maintenant auffi clair que moi dans le fecret de mon ame. Je ne fçai quel jugement il portera de mes délicateffes

&

& de mes craintes en matiere de crime & de vertu ; mais ce qui me persuade aujourd'hui que je ne dois point me repentir de m'être jugé si severement moi-même, c'est que plus je vois la mort de près plus je suis satisfait de cette rigueur. Elle augmente la confiance que j'ai au souverain juge & elle diminue ma frayeur aux approches de l'éternité.

J'arrivai le soir chez ma fille. Tout le monde y étoit dans l'allarme comme si la flamme eût déja été appliquée aux murs de la maison. Je me fis expliquer le cas exactement, & sur tout le lieu où l'on exigeoit que les deux mille écus fussent portez. C'étoit à un quart de lieue du village dans une plaine vaste & découverte, au pied d'un viel Ormeau qui étoit seul à cinq ou six pas d'un petit sentier. J'allai sur le champ reconnoitre la place. Elle me parut bien choisie pour la sûreté des voleurs. Il auroit été difficile de les faire observer sans qu'ils s'en apperçussent. Cependant je m'avisai
d'un

d'un expedient qui trompa leur prévoyance. Comme le tems qu'ils avoient marqué étoit la nuit qui devoit suivre celle où nous étions, je fis creuser sur le champ à vingt pas de l'arbre une fosse assez grande pour cacher six hommes. La terre qu'on en avoit ôtée fut dispersée de côté & d'autre sur des terres labourées. Je retournai chez ma fille & je fis prendre à six hommes résolus chacun un fusil, avec des provisions pour passer le reste de la nuit & le jour suivant dans la fosse. Je les y envoyai avant le jour, & je leur donnai ordre de ne point attaquer les voleurs qu'ils ne fussent au pied de l'arbre, & qu'ils ne leur eussent vû prendre leur proye. Je serois allé moi-même avec eux, si ma fille ne m'eût assuré que je pouvois me reposer sur ses deux gardes-chasse qui étoient les braves du canton. Le soir de l'execution je mis entre les mains de mon valet les deux mille écus dans une bourse, pour les porter au pied de l'arbre. Je lui recommandai de ne point s'ars'arrêter à confiderer les environs, & de ne pas même tourner la tête à fon retour. Voici quel fut le fuccès de mon ftratagême. Vers onze heures où minuit mes gens virent trois perfonnes qui s'avan-çoient dans le fentier & qui paroif-foient venir d'un petit Hameau qui étoit au bout de la plaine. Lorf-qu'ils furent vis-à-vis de l'arbre, deux pafferent outre ; le troifié-me s'arrêta en difant affez haut pour être entendu de la foffe, qu'il étoit preffé d'un befoin naturel. Il alla fe mettre au pied de l'arbre, & faifant femblant de fatisfaire à fon befoin, il prit la bourfe qu'il mit dans fa poche. Un de mes gens tira deffus & lui caffa les reins. Il eût tort, on auroit pû le prendre auffi facilement que les deux autres qui furent enveloppez en un moment. Ils furent recon-nus pour des païfans des environs. Mes gens les amenerent à la mai-fon de ma fille. Je les interrogeai féparement. Je trouvai à la fin qu'il n'y avoit que le bleffé qui fût coupable. C'étoit un vieux

fcélerat

féclerat qui paſſoit pour être riche & qui s'étoit ſans doute enrichi par la methode dont il avoit uſé à l'égard de ma fille. Ses deux compagnons ne le connoiſſoient p s pour ce qu'il étoit. Il les a-voit engagez à aller boire avec lui au hameau d'où mes gens les a-voient vûs venir, afin de pouvoir ſans affectation prendre la bourſe à ſon retour. Il avoit été ſi mal-traité par le coup de fuſil qu'il avoit rêçu, que nous le laiſſames mourir chez nous par pitié. Il ve-çût néanmoins encore huit jours. Ce tems auroit ſuffi pour le faire punir par les mains de la juſtice, & la rouë où le feu étoit ſans doute le moindre ſupplice auquel il auroit dû s'attendre.

L'Automne commençoit à s'a-vancer. Amulem étant toujours dans le deſſein de ſe rendre à Vien-ne avant l'hyver, nous reglâmes ſérieuſement le tems de notre dé-part & nous primes même un tems ſi court qu'il ne paroiſſoit plus qu'aucun obſtacle pût le retarder. Mais le Ciel avoit ordonné que

je ne ferois point le voyage d'Allemagne ; deforte que les dernieres mefures furent auffi inutiles
que les précedentes. La caufe
qui les fit rompre ne fut pas plus
avantageufe à Mr. le Duc de ....
& à Amulem qu'à moi. Nous
eumes part tous trois felon notre
mefure au chagrin d'une avanture
fort defagreable ; mais le mien ne
fut pas fans fruit, puifqu'il fervit
à avancer le moment de ma retraite, & à me la faire trouver encore plus douce ; c'eft ce qui me refte à raconter pour conclurre ces
memoires-

Comme je me défiois toujours
de la paffion & de l'humeur entre-
prenante du Marquis, j'avois pris
la refolution de mettre Nadine
hors de fes atteintes avant mon
départ. Le Couvent me fembloit
un azile affuré. J'en choifis un
à quelques lieuës de Paris, qui fe
nomme H.... outre que la Superieure étoit de ma connoiffance,
je fçavois qu'on y éleve quantité
de jeunes perfonnes dont la compagnie empêcheroit ma niéce de
s'en-

s'ennuier de la Cloture. J'y fis un voyage pour m'accorder avec les Religieuses sur la pension. Mon neveu Muleid m'accompagna par curiosité. La situation de la maison nous parut belle & saine. Nous visitâmes avec plaisir tout ce qu'il est permis aux Religieuses de montrer aux personnes de notre sexe. Mais rien ne fut plus agréable pour Muleid que la vûë d'une centaine de jeunes Pensionnaires, parmi lesquelles il y en avoit quelques-unes d'une beauté extraordinaire. Ce fut à l'Eglise que nous eumes ce spectacle : elles étoient rangées avec ordre , & toutes si propres & si parées que je m'étonnai qu'on leur permît cette affectation dans une solitude. Muleid les considera avec une attention extrême. Je ne doute point que cette vûë ne lui reveillât l'idée du serrail de son pere, & ne lui inspirât peut-être le désir d'en avoir un bientôt pour lui-même. Il me parla beaucoup en retournant chez ma fille de la bonne grace de ces jeunes Demoiselles.

Je

Je le raillai un peu fur fon admiration, & je lui dis en badinant
que s'il n'eût point été fi près de
fon départ je me ferois bien gar-
dé de l'expofer ainfi au danger de
devenir amoureux. Etant de retour chez ma fille je difpofai ma
niéce à partir. Elle étoit bien re-
mife de toutes les fuites de la mort
de fon époux, & loin de marquer
de l'averfion pour le Couvent elle
me témoigna qu'elle y alloit avec
inclination, fur tout lorfqu'elle
eût appris de fon frere qu'elle n'y
manqueroit point de paffe-tems &
de compagnie. Muleid fouhaita
d'y retourner avec elle; & pour
lui marquer plus d'amitié toute la
famille prit auffi le parti de la conduire. Ma fille qui avoit l'humeur
fort gaye, ayant entendu parler
Muleid avec beaucoup d'éloges
des agrémens de quelques Penfion-
naires, lui propofa de déguifer
fon fexe pour avoir la liberté
d'entrer avec elle dans le Couvent.
Il confentit à la propofition. J'eus
beau m'y oppofer & la condamner
même du ton le plus férieux. Je
fus

fus obligé de ceder aux raisonnemens badins de ma fille, à qui ma
tendreſſe laiſſoit prendre peut être
un peu trop d'aſcendant ſur moi.
Muleid fut donc traveſti en fille.
Il étoit dans un âge qui rendoit
ſon déguiſement peu difficile. Les
Religieuſes n'eurent pas le moindre ſoubçon de ſon ſexe. Il entra
dans le Couvent avec l berré pendant deux jours, & il eût le tems
non ſeulement d'obſerver les plus
jolies perſonnes, mais de lier connoiſſance avec quelques-unes d'entr'elles. Je n'aurois jamais pen-
ſé néanmoins qu'il eût été capable d'y prendre de la p ſſion. Outre qu'il avoit mal réuſſi à copier
les manieres Françoiſes, il étoit
n-turellement ſérieux, & je croyois
toujours ſon cœur en Turquie par
ſouvenir & par inclination. Sa
figure étoit pourtant fort revenan-
te, & l'air Turc qu'il conſervoit
ne faiſoit point deshonneur à la
nation. Après qu'Amulem & lui
eurent fait de tendres adieux à
Nadine, nous retournâmes chez
ma fille. Nous preſſames telle-

                              ment

ment nos équipages qu'en quatre
jours tout fut prêt pour le départ.
La veille même du jour marqué
Muleid déclara à son pere qu'il se
trouvoit si mal, qu'il n'étoit point
en état d'entreprendre le voyage.

Il se plaignit d'un air si naturel qu'il nous persuada facilement
de sa maladie. On fit appeller le
Médecin qui n'en découvrit point
les simptomes, mais la principale
foi étant dûe au Malade, nous
doutâmes si peu de son incommodité que nous différâmes notre départ pour attendre sa guérison. Ce
n'étoit néanmoins qu'un artifice
pour se donner le tems de satisfaire son cœur. Il étoit devenu
réellement amoureux d'un jeune
Demoiselle de quinze ou seize ans
qui s'appelloit Therese de.... je
ne la nommerai ici que par son
nom de baptême pour ménager
sa famille, à qui cette avanture a
causé beaucoup de chagrin. J'i-
gnore ce qu'il avoit pû se promettre d'elle au commencement de
son amour, car il y avoit peu
d'apparence qu'une jeune fille qui
avoit

avoit été élevée dans le Couvent depuis son enfance prétât facilement l'oreille à un amant d'une réligion & d'un païs different. Il avoit fait fond sans doute sur le secours de Nadine, à qui il s'étoit déja ouvert en confidence. Enfin la maladie de Muleid étoit son prémier amour, c'est-à-dire un amour violent. Il nous le déguisa pendant huit jours avec beaucoup d'adresse, sous le nom de colique & de maux de tête & d'estomac. Un soir qu'il avoit fait semblant de s'aller coucher de bonne heure en se plaignant plus qu'à l'ordinaire, j'envoiai avant que de me mettre au lit pour être informé de l'état de sa santé; mon valet revint me dire qu'il n'étoit point à sa chambre. Je le renvoyai s'instruire mieux de ce qui pouvoit être arrivé. Il apprit après quelques recherches que Muleid étoit sorti secretement, qu'il avoit fait seller deux chevaux & qu'il étoit parti avec un laquais François de ma fille. Cette nouvelle m'obligea d'aller trouver sur le champ son

per-

pere. Il en fut auffi furpris que
moi, & perfonne ne pût s'imaginer dans la maifon quel le étoit la
raifon de fon départ.

Il fe paffa quelques femaines
avant que nous puffions avoir les
moindres lumieres fur ce qu'il é-
toit devenu. Nous le fimes chercher de toutes parts. Amulem
n'avoit que ce fils ; fa tendreffe
& fon inquietude pour lui le rendirent malade. J'envoïai dans tous
les lieux où je l'avois mené depuis
fon arrivée en France, j'envoyai
même en Hollande, où nous a-
vions demeuré quelques mois enfemble ; mais tous mes foins furent inutiles. Il y avoit déja plus
d'un mois que nous étions dans
cet embaras, lorfque je reçûs u-
ne lettre de la Superieure du Couvent où j'avois mis Nadine. Elle me marquoit que Mr. le Marquis de.... fils de Mr. le Duc
de.... étoit venu deux ou trois fois
voir ma niéce fans fe faire connoitre, qu'elle n'avoit pas fait difficulté de lui en accorder la permiffion ; mais que fes vifites de-
venant

venant plus fréquentes elle s'étoit informée de son nom ; qu'il avoit refusé de le dire ; qu'elle l'avoit appris d'ailleurs malgré lui , & que s'imaginant que ce n'étoit pas sans quelque raison d'amour qu'il revenoit si souvent , elle vouloit sçavoir de moi quelle conduite je souhaitois qu'elle tint à son égard.

Je ne pouvois m'imaginer par quel moyen la demeure de ma niéce étoit venuë à la connoissance du Marquis. Je sçavois que Mr. le Duc l'avoit mené à Paris, & je ne doutois presque nullement que la vûë de la Cour & le tumulte des plaisirs ne lui fissent perdre le souvenir de Nadine. En attendant que je pusse déliberer à loisir sur ce nouveau contre-tems, j'écrivis toujours à la Superieure que s'il continuoit ses visites je la priois de lui répondre honnête-ment, qu'elle ne pouvoit accorder à ses Pensionnaires la liberté d'en recevoir si souvent. Ensuite comme je ne pouvois m'ôter de l'esprit qu'Amuleid étoit à Paris, je

F 5

pris

pris cette occafion de l'y aller chercher moi - même, avec deffein de
voir en même tems le Marquis,
pour tâcher encore une fois de lui
infpirer un peu plus de modération. Je ne differai point à partir. Je rendis ma prémiere vifite
à Mr. le Duc. J'aurois pû le
prier d'employer fon authorité pour
arrêter les amoureufes pourfuites
du Marquis ; mais deux raifons
m'en empêchoient. L'une étoit
la crainte de caufer trop de chagrin au jeune amant, s'il apprenoit
que je l'euffe expofé aux feveres
reprimandes de fon pere ; & l'autre qui n'étoit gueres moins forte,
étoit l'opinion que je n'avois que
trop de fujet d'avoir des fentimens
de Mr. le Duc fur cet article. Je
n'avois pas attendu fi tard à lui en
parler d'une maniere férieufe ; mais
puifque je fais profeffion de fincerité dans ces Memoires, je ne
cacherai point que je n'avois point
été fatisfait de fes réponfes. Il
avoit toujours pris la chofe en homme infiniment au - deffus de mes
petites craintes. Il ne voyoit dans
l'at-

l'attachement de son fils qu'une galanterie de jeunesse qui servoit à l'amuser ; s'il y trouvoit quelque péril ce n'étoit sans doute que pour ma niéce ; la haute naissance du Marquis lui paroissoit un preservatif contre la foi & la durée de tous les engagemens. J'avois donc peu de fonds à faire sur son secours ; aussi ne lui en parlai-je pas le moins du monde. En le quittant je passai dans l'appartement de Mr. le Marquis & je me crus encore en droit d'en user assez familierement pour entrer sans le faire avertir. Je laisse au Lecteur à juger quel fut mon étonnement, lorsqu'en ouvrant la porte j'apperçus Muleid qui jouoit au trictrac avec lui. Ils furent tous deux aussi interdits que moi. Cependant je pris un air riant pour leur dire que je me tenois fort heureux de trouver ainsi sans m'y attendre mon cher fils & mon neveu. Le Marquis vint m'embrasser avec ardeur. Muleid parut plus embarassé, je lui fis quelques tendres reproches de l'inquétude

F 6

où

où il avoit jetté son pere & toute
la famille. Il s'excusa assès mal
sur ce que le Marquis l'avoit tenu si occupé de plaisirs, qu'il n'a-
voit pû trouver un moment pour
nous écrire. Je lui demandai s'il
étoit guéri parfaitement & s'il seroit bientôt en état d'entreprendre le voyage d'Asie. Il me pria
de lui laisser prendre encore quelque tems l'air de Paris dont il me
dit qu'il se trouvoit bien. Je ne
pus lui refuser cette faveur. Je
le priai seulement d'écrire quelque
fois à son pere & de ménager sa
santé. Je dînai avec eux à l'Hôtel. Je tirai après dîner le Marquis en particulier, & je lui dis
que la Superieure du Couvent où
étoit ma niéce se plaignoit de ce
qu'il lui avoit fait violer plus d'u-
ne fois sa regle ; qu'il ne lui étoit
point permis d'admettre les jeunes
gens qui venoient visiter ses Pensionnaires ; qu'elle l'avoit reçû
d'abord en faveur de son nom, qu'il
avoit tâché inutilement de cacher,
mais qu'elle étoit bien résoluë dans
la suite d'executer un peu plus
scru-

scrupuleusement ses devoirs. Il
comprit aisément ce que je voulois lui faire entendre par ce de-
tour. Comme son dessein étoit
déja concerté avec Muleid, il me
répondit avec un air de sincerité
dont je fus la duppe, qu'il seroit
au désespoir de chagriner la Superieure ; & qu'il me promettoit où
de ne plus aller voir ma niéce,
où d'y aller si rarement que les
régles les plus séveres n'en seroient
point blessées. Je passai le reste
du jour avec lui & mon neveu, &
n'ayant rien qui pût me retenir à
Paris j'en partis le lendemain pour
aller rendre une visite à ma niéce. Je demandai à parler d'abord
à la Superieure. Elle me raconta
ce qui s'étoit passé dans les visites
du Marquis, ou du moins ce qu'elle en avoit appris de la Religieuse
qui avoit accompagné Nadine suivant la coutume des Couvents. Il
n'y étoit rien arrivé, me dit-elle
en langage du cloitre, qui pût ter-
rir le miroir de la pudeur du moindre souffle. Mais cette bonne Superieure ignoroit que sa Religieu-

F 7

se

se étoit une infidelle qui la trahis-
soit, après s'être laissée gagner par
l'adresse du Marquis. Elle me dit
ensuite que mon autre niéce étoit
une fort aimable personne, & que
toutes les fois qu'elle venoit au
Couvent elle y étoit reçûë de toute la Communanté avec beaucoup
de satisfaction. De quelle niéce
parlez-vous, ma Mere, lui dis-je
avec surprise? Hé, de votre autre
niéce, reprit-elle, que vous ame-
nates ici avec celle qui nous est
restée. Ouï, continua-t'elle, c'est
une jeune Demoiselle d'un mérite infini : quoiqu'elle ait encore
quelque chose d'étranger dans les
manieres, elle est d'une douceur &
d'un esprit qui lui ont gagné le cœur
de toutes nos sœurs, & sur tout
d'une de nos petites Pensionnaires
qui n'est jamais si contente que
lorsqu'elle la voit ici. Ce discours
étoit trop clair pour me paroître
obscur. Malgré le chagrin qu'il
me causa je ne pus m'empêcher
de rire de la credulité de ces bonnes Religieuses qui continuoient
à prendre Muleid pour une fille;

car

car je ne pouvois pas douter que
ce ne fût lui qui les eût ainsi trom-
pées sous le nom de ma niéce.
J'eus de l'embarras à répondre. Cependant je me déterminai à la re-
mercier en général des sentimens
de sa Communauté pour tout ce
qui m'appartenoit, & après lui a-
voir recommandé de ne plus laiffer voir Nadine au Marquis, je
lui fis part de quelques bonnes reflexions sur la nécessité de veiller
de près à la conduite de toutes ses
Pensionnaires. La visite que je
fis à Nadine fut courte. Je brû-
lois d'envie de retourner chez ma
fille pour finir l'inquietude d'A-
mulem, & pour lui communiquer
ce que je sçavois de Muleid. Ce
qui me fit peine fut de lui trouver
par rapport à la petite Pensionnai-
re dont je jugeois que son fils é-
toit amoureux, les mêmes sentimens à peu près que Mr. le Duc
de.... avoit par rapport à ma
niéce, c'est-à-dire qu'Amulem
charmé d'avoir retrouvé son fils
se mit à rire de son amour, & ne
pût s'empêcher même de me dire

qu'il

qu'il lui souhaitoit un heureux succès. Vous allez bien vîte, lui dis-
je, & vous vous imaginez être à
Amafie ; d'ailleurs quel fuccès
pouvez - vous ici fouhaiter à votre
fils, qui ne foit contraire à vos propres defirs ? Croyez - vous qu'il
puiffe obtenir quelque chofe d'une
fille Françoife fans devenir auparavant bon Chrétien. Qu'il le de-
vienne, à la bonne heure ; deve-
nez-le vous-même & faites apporter
ter vos biens d'Afie en France.
Nous reuffirons peut - être après
cela à rendre Muleid heureux.
Non, me répondit Amulem, je
vous ai dit mille fois que je ne
quitterai point ma réligion, bonne, où mauvaife ; & que je ne
foufflirai pas non plus que Muleid
la quitte ; mais s'il pouvoit engager fa petite maitreffe à nous fuivre en Afie nous la ferions Tur-
que. C'eft ce qu'il ne faut pas
que vous efperiez, repris-je ; mon
neveu s'expoferoit même beaucoup à l'entreprendre, & fi vous
me croyez capable de vous donner un bon confeil, vous lui or-
don-

donnerez de revenir promptement
de Paris. Je le fis entrer à la fin
dans mon sentiment. Il écrivit à
Muleid de nous venir rejoindre
aussi-tôt qu'il auroit reçû sa lettre; mais nous eumes lieu de connoitre que l'autorité paternelle n'est
pas plus respectée chès les Turcs
que parmi quantité de François.
Le Marquis & Muleid avoient
formé le plus étrange dessein qu'on
puisse s'imaginer; c'étoit d'enlever chacun leur Maitresse & de
s'enfuir ensemble en Turquie.
Mon neveu avoit sans doute été
l'inventeur de ce glorieux projet,
car il étoit allé chez le Marquis
en quittant la maison de ma fille,
& il avoit commencé par lui apprendre le lieu où demeuroit sa
sœur. Ils étoient convenus de s'aider mutuellement dans leurs A-
mours. Muleid avoit loüé une
chambre à Paris, & s'étant pourvû d'habits de fille, il avoit été
au Couvent de Nadine autant de
fois qu'il avoit voulu; il s'étoit
fait connoitre à Mademoiselle Therese par le secours de ma niéce,

&

& il avoit fort avancé ſes affaires en peu de tems. C'étoit lui
qui s'étoit chargé de leur faire la
propoſition d'aller en Turquie,
car quoique le Marquis eût rendu pluſieurs viſites à Nadine, il
n'avoit pas toujours eû le plaiſir
de l'entretenir librement. C'étoit
depuis peu qu'il avoit eû l'adreſſe de ſeduire la ſurveillante ; il
l'avoit gagnée juſqu'au point de
l'engager à les ſuivre hors de ſon
Couvent. Ils alloient donc ainſi
tour à tour voir leurs Maitreſ-
ſes ; celui qui étoit de jour apportoit une lettre de l'abſent &
lui rapportoit la réponſe. Mademoiſelle Thereſe étoit une petite éveillée qui avoit plus de
charmes qu'il n'en faudroit pour
faire deux filles aimables, je ne
ſçai ſi elle avoit entendu parler du
Serrail, mais il ne parût point dans
la ſuite que cette idée l'épouvan-
tât. Elle entra de tout ſon cœur
dans le deſſein du Voyage d'Ama-
ſie, & ſon affection pour Muleid
ne cedoit rien à celle de Nadine
pour le Marquis. Telle étoit la

ſitua-

situation de leurs affaires lorsque mon neveu reçût la lettre de son pere. Le seul effet qu'elle pro-produisit fut de leur faire hâter l'exécution de leur dessein. Ils prirent des mesures fort justes pour se procurer des valets fideles, des Echelles, des Chaises de Poste, & tout ce qui étoit nécessaire pour l'enlevement. Muleid ne manquoit point d'argent, & le Marquis avoit recueilli de son coté la meilleure somme qu'il avoit pû. Ils se rendirent au Couvent, la nuit dont ils étoient convenus, & ils enleverent leurs Maitresses par dessus les murs du jardin avec la Religieuse qui s'attachoit à leur fortune. On s'apperçut le lendemain de bonne heure de leur evasion. Comme le Couvent est dans une campagne, & que la Superieure manquoit de monde pour les faire suivre, elle se contenta de faire prendre la poste à deux Domestiques, l'un pour aller donner avis de cet accident au pere de Mademoiselle Therese, & l'autre pour m'apporter la même nou-

nouvelle. Ce trifte meffage me
fut annoncé après midi. On ne
m'apprit point le nom des auteurs
de l'enlevement ; mais je n'eus
pas befoin d'efforts pour me l'i-
maginer. Je me doutai même tout
d'un coup que puifque le Marquis
& mon neveu en étoient venus à
cette violence, c'étoit pour quitter
le Royaume & peut-être pour prendre le chemin de la Turquie.
Comme il n'étoit pas croyable
qu'ils euffent voulu rifquer de traverfer toute la France, pour s'aller embarquer à Marfeille, je me
figurai qu'ils auroient pris la route
d'Allemagne. Cette penfée me
fit efpérer de pouvoir les réjoindre, parce que la terre de ma fille
eft, comme je l'ai déja dit plufieurs
fois vers la frontiere. Cependant
comme ils euffent pû prendre auffi
le parti de paffer en Angleterre,
j'envoiai à Calais & dans les autres ports, quelques perfonnes de
confiance que je fis partir en diligence. Je montai moi-même à
cheval fans perdre un moment,
& je gagnai bientôt le grand chemin

min de la poste d'Allemagne. J'avois avec moi trois hommes bien armez. Aiant pris langue à la prémiere poste, je sçûs qu'il avoit passé deux ou trois heures auparavant deux chaises suivies de quatre hommes, mais qu'elles ne trouvoient pas toujours autant de chevaux, qu'il étoit nécessaire. Je conçus que mes jeunes gens n'avoient point eu la précaution de se faire préparer des relais, & je formai l'esperance de les rejoindre même avant la fin de jour. Cependant s'étant apperçus eux-mêmes de la faute qu'ils avoient faite, ils y suppléerent vers la frontiere en forçant toujours leurs guides de faire double poste avec les mêmes chevaux. Ils gagnerent par-là non seulement d'avancer fort vîte, mais encore de retarder ma course, parce qu'il arriva en quelques endroits que les chevaux me manquerent à moi-même. Il me fut donc impossible de les joindre avant la nuit. Mais s'étant arrêtez pour en passer une partie à Mons qui est la prémiere Ville des Etats

de

de l'Empereur, j'y entrai le lendemain avant leur départ. Quoique je
duffe peut-être apprehender quelque chofe de la refolution de deux
jeunes gens fi entreprenans, je ne
voulus point caufer au Marquis le
chagrin de fe voir arrêter par d'au-
trez mains que les miennes. Ainfi
fans prendre de fecours, comme il
m'auroit été facile, j'allai defcendre avec mes trois hommes dans
l'hôtellerie même où ils étoient
logez. On me dit qu'ils n'étoient
point encore levez. Quoiqu'ils fuffent quatre je tremblois de crainte
qu'ils n'euffent occupé que deux
lits. Je m'en informai adroitement. On me répondit que l'un
des jeunes Meffieurs étoit avec
une des Demoifelles, mais que
les deux autres étoient chacun dans
une chambre féparée. Helas! difois-je, en moi-même, eft-ce ma
niece? elle a été mariée, elle
aura peut-être eu moins de modeftie. Je me fis conduire au hazard
vers la chambre de celle qui avoit
couché feule. Je fus charmé
d'appercevoir, en entrant, les derniers

habits que j'avois vû porter à Nadine. Graces au Ciel, m'écriai-
je, elle a du moins un reste de
vertu & de pudeur. Comme elle
avoit eû soin le soir de faire fermer sa porte avec la clef par
l'hôtesse, elle fut effrayée en
s'éveillant d'appercevoir un homme. J'approchai de son lit; & je
la priai doucement de ne pas s'é-
pouvanter. Elle ne m'eût pas
plutôt reconnûe qu'elle s'évanouit.
Lors qu'elle fut un peu revenuë,
elle se leva sans que je pusse l'arrêter, & elle se jetta à genoux en
fondant en larmes. Je la relevai
malgré elle, & je l'obligeai de
se recoucher; elle ne prononçoit
pas une seule parole. Je pris ses
mains avec beaucoup de douceur.
J'observois de ne pas la regarder
de peur de la déconcerter trop.
Ah! ma chere niece, lui dis-je,
est-il bien vrai que je vous retrou-
ve à Mons au pouvoir d'un jeune
homme qui n'est pas votre époux!
Est-ce un charme ou un poison
qui vous à fait oublier votre devoir! Qu'avez vous fait; qu'allez

vous

vous devenir ; expliquez moi du
moins quels font vos deffeins. Ah'
fi vous pouviez en avoir d'innocens vous ne les auriez pas cachez
à votre pere ni à moi ; vous ne
vous feriez pas fauvée la nuit par
deffus les murs d'un Couvent; vous
ne feriez pas maintenant dans un
cabaret, abandonnée à tous les dé-
firs d'un homme qui a perdu de
vûë comme vous la vertu & la fageffe. Où eft-il? ditez-moi. Que
je crains bien qu'il n'ait déja paffé
la nuit avec vous ! Ce foubçon
que je lâchai exprès lui fit enfin
ouvrir la bouche. J'avouë, me
dit-elle en pleurant, que j'ai fait
la plus grande de toutes les fautes;
mais c'eft feulement en confentant
de fuivre Mr. le Marquis, car je
prie Dieu de m'accabler de tous
les châtimens fi j'ai fouffert la
moindre chofe contre le devoir.
Que pouvois-je faire, ajouta-t-
elle en renouvellant fes larmes?
Vous ne fçavez que trop que je
l'aime ; il m'a promis de m'époufer & de venir paffer fa vie avec
moi à Amafie. Eft-il poffible
re-

repliquai-je qu'ayant de l'efprit comme vous en avez, vous n'ayez pas reconnu la puerilité d'une telle promeffe. Quelle apparence y avoit-il qu'il pût être fincere, lorfqu'il s'engageoit à une chofe qu'il ne fçauroit tenir? Avez-vous oublié ce qu'il eft né, & jufqu'où les bras de Mr. le Duc fon pere peuvent s'étendre! Mais quand vous auriez pû vous promettre de traverfer toute l'Allemagne fans être pourfuivie & arrêtée, qu'elle affurance aviez-vous qu'il ne vous eût pas abandonnée en Turquie même, lorfqu'il auroit obtenu de vous les faveurs qui raffafient un jeune homme? Ah! fi vous fçaviez interrompit-elle, avec quelle tendreffe il m'aime, vous n'auriez pas de lui cette idée-là. Je fuis fûre qu'il perdroit la vie pour moi. Allez, lui dis-je, vous êtes une petite badine, qui ignorez encore les féductions des jeunes amans. Préparez-vous promptement à retourner en France avec moi, & remerciez le ciel qui n'a pas permis que vous foïez tom-

Tome VI.   G   bée

bée tout à fait dans le précipice.
Je lui demandai si le Marquis ne
lui avoit pas fait instance pour paffer la nuit avec elle ; elle me répondit jugenuement qu'il lui en a-
voit fait la proposition, mais qu'il
n'avoit pas insisté après la déclara-
tion qu'elle lui avoit faite de n'y
consentir jamais , qu'après leur
mariage. Et Mademoiselle Therese,
repris-je , a-t-elle été auffi délicate avec votre frere ? Je ne sçais
pas , me dit-elle , je crois qu'ils
font ensemble dans la même chambre. Pendant que nous parlions
ainsi & que ma bonté commençoit à la rassûrer , j'entendis la
voix du Marquis qui appelloit son
valet de chambre. Il ne faisoit
que s'eveiller , bien éloigné sans
doute de me croire si près de
lui. J'ordonnai à ma niéce de s'habiller. Tandis qu'elle se levoit
j'apperçus la Religieuse qui l'a-
voit suivie & qui avoit couché
cette nuit à son côté ; mais qui
s'étoit cachée jusqu'alors dans les
draps pour se dérober à mes yeux.
Je lui fis quelques vifs reproches
sur

sur sa mauvaise conduite & sur la part qu'elle avoit eüe à une si miserable action. Elle ne me répondit rien.

Tout ce que je viens de raconter n'étoit que le prélude d'une scene plus digne d'attention. Le Marquis ayant appellé son valet fut étrangement surpris d'entendre de lui que j'étois dans la maison. Ce n'est pas que ce garçon m'eût vû entrer, mais il avoit parlé sans doute à mes gens, à qui je n'avois eû nulle raison de recommander le silence. A peine ma niéce étoit-elle habillée, que le jeune amant se présenta à la porte de sa chambre avec un visage si consterné, que sa tristesse devoit être extrême s'il étoit l'image de son ame. Il vint néanmoins droit à moi : je me rends justice, Monsieur, me dit-il, je suis coupable, je l'avoüe, mais si vous ne pardonnez pas cette faute à la violence d'une passion dont je ne suis pas le maitre, il faut que vous m'ôtiez la vie sans pitié. N'esperez pas m'arrâcher votre niéce sans

 m'am'avoir auparavant percé le cœur. Je défendrai jusqu'au dernier soupir les droits que sa bonté m'a donné sur elle. Mon cher Marquis, lui répondis-je d'un ton paisible, ce n'est point dans un cabaret ni en vous perçant le cœur, que je veux vous les disputer ; votre raison & votre génerosité seront mes plus fortes armes. Je ne m'étonne point de l'excès où vous vous étes laissé emporter par l'amour ; je connois de longue main votre vivacité ; mais je ne connois pas moins la bonté & l'honnêteté de votre naturel, ce sont des sentimens que vous pouvez bien perdre de vûë pour un moment, mais que vous ne sçauriez éteindre. Croiez-moi, retournons tranquillement en France. Si vous ne pouvez vaincre votre passion, c'est en fléchissant Mr. votre pere que vous devez nous faire voir qu'elle est toute puissante & qu'elle vous rend capable de tout. Obtenez, s'il est possible, ma niéce par cette voye; C'est la seule qui soit digne de vous,

vous , d'elle , & de moi. Il ne repliqua point un feul mot. Il demeura appuyé fur le dos d'une chaife , les yeux baiffez comme s'il eût médité profondement. Je le pris par la main & je le priai de m'accompagner à la chambre de Muleid. Il fe laiffa emmener fans refiftance.

Muleid étoit inftruit auffi de mon arrivée, & il penfa m'écha-per par une fubtilité dont je ne l'aurois pas crû capable. Ayant appris que j'étois dans la cham-bre de fa fœur, il avoit donné or-dre qu'on mît promptement les chevaux à fa chaife de pofte , pen-dant qu'il s'habilloit , de forte que fi j'euffe tardé un peu plus long-tems à le venir voir , je ne l'aurois plus trouvé ni lui , ni fa maitref-fe. Ma préfence le déconcerta donc extremêment. Il attendoit que je m'expliquaffe le premier. Je lui dis en peu de mots, que fon pere étoit fi mal fatisfait de fa condui-te , que je ne fçavois pas trop bien comment il feroit fa paix avec lui; que je ne lui confeillois pas d'ail-

G 3

leurs

leurs de remettre le pied en France, s'il ne vouloit y être exposé à
de très dangereuſes affaires ; qu'un
Turc qui s'aviſe d'enlever une fille Chrétienne dans un Couvent, ſe
reconcilie difficilement avec la Juſtice ; enfin que s'il me croioit, il
laiſſeroit retourner Mademoiſelle
Thereſe avec nous, & qu'il atten-
droit ſon pere à Mons. Cette
petite perſonne que je n'avois point
encore vûë, mais qui me parut
alors extremêment jolie, prit avec
beaucoup de feu la parole pour
ſon amant : elle me répondit que
ce que je diſois de la ſéverité de
la Juſtice étoit vrai quand une
Demoiſelle étoit enlevée malgré
elle ; mais qu'il n'en étoit pas de
même à ſon égard ; qu'elle avoü-
oit que c'étoit de ſon gré que
Muleid l'avoit enlevée, & que loin
de retourner en France elle ne vouloit jamais ſe ſéparer de lui un
ſeul moment. Hé bien, lui dis-je,
ma belle enfant, vous demeurerez
avec lui. Je n'ai pas droit ici de
vous faire violence. Mais je vous
apprens néanmoins que vous ne
for-

sortirez pas de Mons que votre famille ne vous ait accordé son consentement. Je vais prier Mr. le Gouverneur de vous consigner aux portes de la ville. Elle me repliqua d'un petit ton déja à demi Turc, que j'étois le maitre de l'arrêter à Mons, mais qu'elle me défioit de lui faire quitter Muleid. Pour lui il se contenta de me dire, qu'étant sorti heureusement de France & n'ayant pas dessein d'y retourner, il en redoutoit peu les loix; & qu'à l'egard de son pere pour qui il n'avoit jamais manqué de respect, il esperoit qu'il ne lui feroit point un crime d'une passion amoureuse. Je les priai tous de se rendre avec moi dans la chambre de ma niéce. J'y fais apporter de quoi déjeuner. Muleid & Mademoiselle Therese mangerent de très bon appetit. Le Marquis & Nadine ne toucherent à rien. Ils se regardoient d'un air triste & languissant, comme deux victimes destinées au sacrifice. J'étois attendri de leurs peines & j'aurois souhaité de pouvoir les rendre

G 4

heu-

heureux au prix de mon sang ; mais c'étoit une chose absolument impossible. Je fus surpris de ne pas voir la Religieuse avec nous. Je la fis appeller. On me dit qu'elle étoit sortie de l'hôtellerie. J'eus d'abord un soubçon qui se trouva juste. La crainte que je ne la fisse arrêter & reconduire à son Couvent l'avoit fait fuir pour assurer sa liberté. Je ne me crus point obligé de la faire chercher, ni en droit de lui faire la moindre violence.

Lorsque nous eumes achevé de déjeuner je fis cette proposition à Mademoiselle Therese ; Comme je ne puis vous laisser partir avec mon neveu sans le consentement de vos parents, voyez lui dis-je, ma chere Demoiselle, lequel vous choisirez de ces deux partis, où d'être consignée aux portes de la ville jusqu'à ce que votre famille soit informée du lieu où vous êtes, ou, ce qui vous seroit plus honorable, d'entrer pour quelque tems dans un Couvent de cette ville. Elle me répondit que pour é-

vit

e

viter une consignation publique, elle entreroit volontiers pour quelques jours dans un Couvent, mais qu'elle craignoit qu'on ne l'y retint ensuite malgré elle. Muleid d'ailleurs n'étoit nullement pour le Couvent. J'avois esperé néanmoins qu'elle pourroit tourner de ce côté-là, car l'autre parti étoit une extrêmité pour laquelle j'avois de la repugnance. Je pris Muleid en particulier ; si vous voulez, lui dis-je, m'engager votre parole que vous ne quitterez point Mons avec votre Maitresse avant que d'avoir reçu de mes nouvelles, je vous laisserai ici tous deux en liberté, jusqu'à ce que je puisse ou revenir moi-même ou vous écrire. Quoique je parlasse fort bas dans la même chambre, Mademoiselle Therese qui prêtoit l'oreille à tout, entendit une partie de mon discours ; elle se pressa de répondre d'un petit air assuré, que si je voulois me contenter de sa parole elle me promettoit de ne point sortir de Mons jusqu'à nouvel ordre : qu'elle étoit fort en re-

G 5

pos

pos du côté de sa famille, parce qu'elle étoit bien sûre qu'on ne pouvoit l'ôter à Muleïd qui étoit son époux, & avec qui ajouta-t-elle, elle avoit déja passé une nuit en qualité d'épouse. J'admirai la vivacité de cette petite creature, & j'eus peine à me persuader qu'elle fût jamais un meuble tranquille dans un serrail. Je crus néanmoins avoir assez fait pour elle en prenant cette précaution. Je me contentai de repeter à Muleïd, que je pouvois l'assurer de l'indignation de son pere s'il manquoit à sa parole.

Je m'imaginois après cela qu'il ne me restoit plus qu'à partir avec le Marquis & ma niéce ; mais l'ouvrage le plus sérieux & le plus difficile étoit encore à faire. J'avois ordonné que nos chevaux & la chaise fussent préparez pour partir à midi, dans le dessein d'arriver le soir chez ma fille, ce qui est aisé en courant la poste. Lorsqu'on vint avertir que les chevaux attendoient, & que j'invitai le Marquis à descendre, je fus surpris

pris de le voir demeurer affis fur
fa chaife & baiffer les yeux fans
me répondre. Je renouvellai ma
priere, & je me levai moi-même
pour lui montrer le chemin. Arrêtez, Monfieur, me dit-il, arrêtez. Avez-vous crû que je puiffe perdre fi facilement l'efperance
d'être à votre niéce, & qu'après
avoir tout rifqué pour elle, je me
prive ainfi tout d'un coup du fruit
de mes peines, ou fi vous le voulez du fruit de mes fautes? Non
non; vous pouvez prendre ma vie
que je ne veux pas deffendre contre vous, mais vous ne m'enleverez
pas aifément le tréfor de mon cœur.
Ecoutez moi bien, Monfieur, a-
jouta-t-il, je fais ferment aux pieds
de ma chere Nadine de ne l'abandonner que par la mort. Je lui
répondis en fouriant que le vent
diffipe les fermens amoureux dans
l'air, & que Jupiter les compte
pour rien. Venez, ma niéce,
continuai-je en parlant à Nadine,
Mr. le Marquis ne refufera pas
du moins de vous fuivre. Voyant
que je la prenois par la main pour

la conduire dehors, il me repouf-
fa fi violemment que je faillis à
tomber, & la prenant entre fes
bras il s'affit fur une chaife, où
il la tenoit fur fes genoux. Elle
fe mit à pleurer, & lui comme fi
la vûë de fes larmes eût redoublé
fa furie, fe mit à m'accabler de
reproches durs & piquans. Il me
traita d'homme barbare & de cœur
fans amitié, qui lui avoit toujours
prêché une morale contraire à ma
propre pratique. Il me dit qu'outre cent témoignages qu'il avoit de
ma dureté, il fe fouvenoit fort
bien de l'air fec & railleur avec
lequel je lui avois parlé de fa paffion lorfque j'avois qui té l'emploi de fon Gouverneur ; qu'il ne
l'oublieroit jamais ; que je me
trompois fort fi je le prenois pour
un enfant, ou fi je continuois à
me regarder comme une perfonne
qui avoit de l'autorité fur lui ; que
le regne de ma ferule étoit paffé ; que je me flatois auffi mal à
propos d'avoir quelque empire fur
ma niéce, que fon pere vivant encore, elle n'avoit point de compte

te à me rendre de sa conduite ;
qu'elle avoit été mariée ; que je
l'avois déja traitée aſſez cruellement en la mariant avec Mr. de B.
malgré ſes pleurs & ſa repugnance,
& qu'elle devoit me régarder plûtôt comme ſon tiran que comme
ſon oncle.

J'écoutai ces invectives avec
patience. Ma niéce qui ſentit néanmoins qu'elles pouvoient m'offen-
ſer, ſe dégagea de les bras pour
me demander pardon en ſe jettant
à mes genoux. Je lui dis que ſi
elle conſervoit pour moi un peu
plus de reſpect que le Marquis , il
falloit me le marquer en me ſuivant ſans differer ; elle m'aſſura
qu'elle étoit prête à me ſuivre.
Mais ce fut alors que ne ſe poſ-
ſedant plus , il vint la reprendre
une ſeconde fois en jurant effro-
yablement qu'il ſçavoit bien la dé-
fendre & contre elle-même & contre moi. Je fus épouvanté de ſon
action ; je ne voyois gueres d'autres remedes à cette furie que la
douceur, car il n'étoit point queſtion
de ſe battre , & encore moins d'ap-
G 7

appel-

peller un secours étranger ; je n'étois pas même assuré que j'eusse pû l'obtenir dans une ville qui n'est pas soumise à la France, & où les mariages clandestins ne sont point contraires aux loix : Ajoutez que c'étoit le plus sensible outrage que je pusse faire au Marquis, je ne m'arrêtai donc point un moment à cette pensée. Il a le cœur excellent, disois-je en moi-même; ne désesperons de rien. Il y a toujours de la ressource avec les bons naturels. Tandis que je faisois ces réflexions, il adressoit mille choses touchantes à ma niéce. Vous consentez donc à m'abandonner, lui disoit-il, vous voulez me ravir une occasion d'être à vous que je ne retrouverai jamais. O Dieu! surquoi faut-il compter, si vous oubliez ainsi tous vos sermens ? Ne m'avez-vous pas juré que la vûë de la mort même, ne vous empêcheroit point de vous donner à moi ? Quelle opinion voulez-vous que j'aie de votre constance ? Comment puis-je croire que vous serez plus fidele à
m'ai-

m'aimer que vous ne l'étez à me suivre ? Vous me trahissez, je le vois trop bien, peut-être souhaitez-vous ma mort au moment que je parle, pour avoir la liberté de retourner à votre oncle, voilà tout le progrez que j'avois fait dans votre cœur. O ciel ! quel prix pour tant d'amour & de fidelité ! je l'interrompis en le priant de me prêter un moment d'attention. Il me répondit que j'étois son ennemi & son persécuteur, & qu'il ne vouloit plus m'écouter. Je ne vous demande, lui dis-je, qu'un moment. Vous allez être convaincu, si vous voulez m'entendre, non seulement que je vous aime & que je ne suis point le barbare que vous pensez, mais que je souhaite sérieusement votre bonheur. Rentrons en France, je vous promets de parler de votre passion à Mr. le Duc de la manière la plus forte. Vous me dicterez vous-même mes expressions, ce sera ensuite à vous à soutenir votre cause & à faire valoir l'ardeur de vos sentimens. Il vous

ac-

accorda en Espagne la liberté d'é-
pouser Donna Dianna, pourquoi
ne pourroit-il pas consentir à la
même chose en faveur de ma niéce? Le cas n'est-il pas à peu près le
même. Allez, faites vous un me-
rite auprès de lui de votre soumis-
sion. Le cœur d'un pere n'est
jamais impitoyable. Au reste, vous
ne devez douter ici nullement de
ma sincerité, vous avez trop d'esprit pour ne pas reconnoître que
si j'avois quelque dessein de vous
nuire, je n'aurois pas besoin de
recourir à l'artifice. Comptez que
je serois le plus fort à Mons, &
qu'il ne m'est pas difficile d'y obtenir du secours, s'il faut en venir
à la violence pour remettre ma
niéce dans son devoir. Cette derniere expression affligea Nadine.
Elle me dit en m'interrompant, que
si elle s'étoit écartée de son devoir,
elle étoit prête d'y rentrer. Elle s'a-
dressa ensuite à son amant pour lui
persuader de suivre mon Conseil,
& elle ajouta que si elle ne pouvoit
le perdre sans mourir, elle aimoit
encore mieux la mort que de manquer

quer au devoir & à l'honneur. Je lui sçûs bon gré de cette fermeté. Le Marquis parut s'ébranler. Je saisis ce moment pour les prendre tous deux par la main & pour les conduire à leur chaise. Nous partimes enfin de Mons, en y laissant Muleid & Mademoiselle Therese.

Je ne scais de quoi les deux Amans s'entretinrent pendant quelques lieues qu'ils firent ensemble dans la même chaise ; mais lorsque nous fumez à l'endroit où nous devions quitter la grande route de la poste pour prendre celle de la maison de ma fille, le Marquis me déclara qu'il alloit se séparer de nous & suivre le chemin de Paris. Je ne m'opposai point à cette resolution. Vous devez être content, me dit-il, de mon obéissance, je vous laisse votre niéce quoique je puisse être plus fort ici qu'à Mons, & la tirer peut être encore une fois de vos mains, mais je respecte ses volontez, & je compte que vous m'accorderez deux choses : la premiere de

de ne point la remettre dans un Couvent, l'autre de venir me rejoindre inceffamment à Paris ; pour exécuter la parole que vous m'avez donnée. A ces deux conditions, ajouta-t-il, je vais vous demander pardon de ce qui s'eft paffé & vous prier de me rendre votre amitié. Je lui promis en l'embraffant, de faire ce quil defiroit. En effet j'y étois refolu. Je ne voiois plus d'autre moien de finir cette affaire qu'en y intereffant affez Mr. le Duc pour lui faire prendre foin à lui-même de regler ou de fatisfaire la paffion de fon fils ; je me féparai de lui avec ma niéce pour retourner chez ma fille. Amulem ceffa d'être affligé de l'enlevement de Mademoifelle Therefe, lorsque je lui appris qu'il avoit réuffi heureufement, & que fon fils étoit hors de péril. Vous fouvenez-vous, me dit-il, que vous m'aidâtes à en faire autant à fon âge? Ouï, lui répondis-je, mais c'étoit pour une femme fur laquelle votre Empereur, à qui vous l'enleviez, n'avoit pas plus de
droit

droit que vous ; au lieu que votre fils vient de ravir injuſtement le bien d'autrui & de faire un tort irréparable à la famille de ſa maitreſſe. Ses parens, reprit Amulem, conſentiront peut-être à nous la laiſſer ; on eſt quelquefois aſſez content de trouver l'occaſion de ſe défaire d'une fille. Vous verrez, me dit-il en riant, que le fardeau va nous demeurer ſur les bras. Il penſoit plus juſte que je ne l'euſſe cru. J'ecrivis par la poſte au pere de Mademoiſelle Thereſe, qui étoit un bon Gentilhomme de Picardie, chargé d'une nombreuſe famille. Je ne lui déguiſai rien de l'état & des diſpoſitions de ſa fille, & lui cachant ſeulement le lieu où elle étoit, je lui fis entendre que s'il vouloit la réprendre entre ſes mains, il n'étoit pas impoſſible de la tirer de celles de ſon amant. Il me fit une longue réponſe, dont la concluſion étoit, que le malheur de ſa fille lui paroiſſant irréparable puiſqu'elle avoit déja couché avec ſon amant, il étoit d'avis de la lui laiſſer ;

qu'il

qu'il ne doutoit point qu'elle ne pût être auffi heureufe avec un Turc qu'avec un autre homme, ou que s'il arrivoit qu'elle ne le fût pas ce feroit fon châtiment ; qu'il me prioit feulement d'obtenir de mon beau-frere qu'elle ne fût point gênée fur la Religion. Je fis voir cette lettre à Amulem qui en fut fort fatisfait. Il me promit de ne jamais permettre qu'on l'inquietât du côté de la confcience. L'impatience qu'il avoit de revoir fon fils le fit penfer auffitôt au départ. Il s'attendoit toujours que je lui tiendrois compagnie jufqu'à Vienne ; mais je lui fis comprendre que l'action de Muleii ne me le permettoit plus, & que je ne pouvois accompagner fi long-tems un jeune homme qui enlevoit une maitreffe, fans que je paruffe être moitié dans l'entreprife. Je m'engageai néanmoins à le conduire lui-même jufqu'à Mons ; je ne lui demandai que le tems de faire le voyage de Paris pour répondre à l'attente & à l'empreffement du Marquis. Avant que

de

de partir je marquai à Muleid par deux mots de lettre, que ſa maitreſ-ſe lui étoit accordée, & qu'il pouvoit attendre tranquillement l'arrivée de ſon pere à Mons.

Mon voyage de Paris n'étoit pas une entrepriſe de petite importance. La ſeule penſée de m'ouvrir de nouveau à Mr. le Duc ſur une affaire qu'il avoit rejettée pluſieurs fois en badinant, me cauſoit de la peine & de l'inquietude ; cependant j'étois réſolu de lui en parler avec tant de force & d'un air ſi ſérieux, que je l'obligerois à la regarder du même œil que moi. J'aillai trouver d'abord le Marquis. Il eût beaucoup de joye de me voir. Nous touchons à l'heure critique, lui dis-je, je vais vous ouvrir les avenuës. C'eſt à vous après cela de bien ménager vos interêts & de ne pas vous manquer à vous-même. Il me propoſa d'être avec moi dans l'entretien que j'allois avoir avec ſon pere. Cela ne me parût point à propos. Je me fis annoncer à Mr. le Duc. Je ſus introduit dans

le

le moment. Après les premieres
civilitez je lui expliquai naturellement le sujet de ma visite. Je le
priai d'abord d'être bien persuadé
que j'avois emploié pour guérir
Mr. le Marquis tout ce que la
sagesse & même l'artifice peuvent
mettre en usage; je lui represen-
tai que sa passion duroit depuis
près d'un an; qu'elle avoit jetté
des racines si profondes, que je n'y
voyois presque plus de remede,
qu'elle m'avoit coûté un nombre
infini de peines & de soins, la vie
de mon neveu & depuis un certain tems tout mon repos; que si
ma niéce n'eût point embrassé le
christianisme je l'eusse infailliblement renvoyée en Turquie: mais
que j'ignorois même si cette voye
eût reussi mieux, puisque le Marquis avoit été capable d'y vouloir
aller lui-même. Je lui appris là-
dessus l'histoire de l'enlevement,
la fuite de son fils avec Nadine,
& son dessein en sortant du Royaume: que j'avois été assez heureux
pour l'arrêter à Mons & pour le
faire retourner en France, mais
que

que je n'avois pû obtenir son retour qu'à condition que je viendrois solliciter en sa faveur. Ne
croyez pas, Monseigneur, continuai-je, qu'en lui promettant de
vous entretenir de sa passion, j'aie
eû d'autres vûës que de vous rendre service dans sa personne ; je
sçai à quel rang le ciel a borné
ma niéce, & ce ne sera jamais par
mes desirs qu'elle en sortira ; mais
je vous prie de considerer que dans
la mediocrité même de notre fortune, l'honneur & le repos nous
sont chers, & qu'après avoir fait
tant d'efforts pour ramener Mr.
le Marquis au devoir, j'ai lieu d'esperer que vous voudrez bien y
employer aussi vos soins. Il se
prépare à venir vous parler lui-
même ; ne doutez pas qu'avec
beaucoup de respects pour votre
personne vous ne lui trouviez une
fermeté au-dessus de son âge. Si j'o-
se vous donner un conseil, vous
prendrez la peine de préparer votre réponse & de la rendre telle
qu'elle puisse, ou le satisfaire, ou le
reprimer entierement.

Mr.

Mr. le Duc m'écouta d'un air aussi sérieux que j'avois tâché de rendre le mien. Vous me surprenez, me dit-il, en m'apprenant l'enlevement de votre niéce & la fuite du Marquis; je le croiois pendant ce tems-là dans mes terres, où il m'avoit demandé la permiffion d'aller paffer quelques jours. Je vois que fa paffion eft violente; mais quelle réponfe me confeillez-vous de lui faire? Je répondis que toutes les reffources de ma prudence étoient épuifées, & que fi j'euffe fçû quelque nouveau moyen de le guérir, je n'aurois pas manqué de l'employer. Je veux le faire appeller en votre préfence, reprit Mr. le Duc, & je lui dirai tout ce que le Ciel m'infpirera. Cette confiance aux lumieres du ciel me parut d'un goût fingulier. Il le fit appeller effectivement. Le Marquis me parût entrer d'un air timide. Il prit néanmoins le prémier la parole: je ne doute pas, Monfieur, dit-il à fon pere, que vous ne foyez maintenant inftruit de mes peines. El-

les font bien redoublées par la
crainte que j'ai de vous en caufer
peut-être quelqu'une à vous même. Mais fi le ciel ne punit que les
fautes volontaires, j'efpere que je
trouverai en vous la même indulgence. Mr. le Duc lui répondit qu'en
effet il avoit appris de moi qu'il
étoit amoureux ; qu'il n'étoit pas
trop furprenant qu'il le fût à fon
âge ; qu'il faloit feulement fçavoir
un peu fe modérer & qu'on n'en
étoit pas moins honnête homme.
Le Marquis ne fut point fatisfait
d'une réponfe fi peu concluante :
il repartit pourtant d'un ton re-
pectueux que la modération étoit
une vertu bien difficile avec beaucoup d'amour, & qu'il en étoit fi
peu capable que s'il n'eût compté
fur l'affection d'un fi bon pére, il
auroit déja fuccombé à fes peines
mortelles : fort bien, me dit Mr.
le Duc en fouriant, il s'exprime
d'un air tendre & perfuafif, je
me doute qu'il parle fur ce ton
à votre niéce. Cette raillerie étoit
peu du goût du Marquis, il reprit
encore : je ne fçais, Monfieur,

quelle idée vous avez de ma paſſion ; mais il eſt certain que ſi vous
n'avez pas quelque bonté pour moi,
il eſt impoſſible que je vive. La
mort me ſera bien moins horrible
que l'agitation continuelle où je
ſuis. Si Monſieur de Rononcour
vous a découvert ce qui m'eſt arrivé depuis huit jours, vous avez
pû voir que ma conduite ſent un
homme qui eſt abſolument hors
de lui - même, & qui ne peut être
conſolé par votre compaſſion.
Eh bien, lui dit Mr. le Duc, que
demandez-vous de moi? Ah! mon
cher pere, repliqua le Marquis,
ce que je demande de vous ! Monſieur de Rononcour ne l'a-t-il pas
dit, & ne le voyez-vous pas bien
vous-même ? Non, par ma foi,
répondit Monſieur le Duc, car je
vous crois trop raiſonnable pour
vouloir épouſer votre Maîtreſſe,
& trop ami de Monſieur de Rononcour pour vouloir coucher a-
vec elle ſans l'avoir épouſée. Je
vous jure, continua-t-il, que ſi votre belle étoit niéce ou fille de
Mr de Rononcour, qui eſt un homme

me de qualité ; je vous la donnerois de bon cœur pour vous satisfaire ; mais on m'a dit qu'elle n'est
que la niéce de son épouse & la
fille d'un Turc ; y pensez-vous de
vouloir m'allier avec Mahomet &
l'Alcoran ? Ce que je puis faire
de mieux pour votre consolation,
ajouta-t-il en riant, c'est de vous
conseiller d'attendre du moins que
je sois mort. Vous serez le maître alors de faire une sottise ; mais
je n'y consentirai point pendant ma
vie. Telles furent les inspirations
que Mr. le Duc reçut du ciel.

La situation du Marquis m'ins-
piroit une vraie pitié, je vis des
larmes couler au long de ses jouës.
Il se tourna vers moi. Monsieur,
me dit-il, vous ne ditez rien en
ma faveur ; ce n'est pas là ce que
vous m'aviez promis. Je lui répondis qu'il ne me devoit point
faire de reproche ; & que Mr. le
Duc voudroit bien rendre témoignage que je lui avois fait une vive
peinture de sa passion. Il se jetta
aux pieds de son pére : que faut-il
donc que je fasse pour vous fléchir,

s'és'écria-t-il en soupirant, & à qui aurai-je recours, si celui qui m'a donné la vie me refuse sa pitié? Ces paroles furent prononcées d'un ton si tendre, que Mr. le Duc malgré l'air de plaisanterie avec lequel il avoit parlé jusqu'alors, me parut extrémement touché : il le fit relever en l'embrassant. Mon cher fils, lui dit-il, dans le fond ta tristesse m'afflige ; mais tu me demandes une chose impossible. Je sçai que le Duc de St. Aignan épousa la femme de chambre de sa femme, & le Maréchal de Bassompierre une P., mais quoiqu'il n'y ait nulle comparaison à faire d'elles à ta maîtresse, leur exemple ne sçauroit m'ébranler. Je t'aime néanmoins avec une tendresse infinie, & j'ai regret de ne pouvoir te satisfaire. Promets moi que tu ne penseras plus à cette folle passion & je suis prêt à t'accorder tout ce que tu désires. Le Marquis assura que s'il n'obtenoit point Nadine, il ne désiroit que la mort. L'aime-t-elle, reprit Mr. le Duc en s'adressant à moi, &

puis

puis fans attendre ma réponfe il
fe tourna vers le Marquis comme
s'il eût eu quelque chofe de favorable à inferer de-là ; fi elle t'aime, lui-dit-il ; elle confentira à
tout pour être à toi , époufe la
en fecret pour quelques années, à
condition qu'elle entrera dans un
Couvent lors que je jugerai à propos de te marier dans les formes.
Je ne pus m'empêcher de faire entendre férieufement à Mr.
le Duc qu'une raillerie de cette
nature ne convenoit ni à la vertu
du Marquis ni à celle de ma niéce. Il avoit ce jour - là tant d'inclination pour la raillerie qu'il
m'en fit une à moi-même de mes
fcrupules. Cependant pour terminer notre principale affaire d'une
maniere qui pût affurer mon repos,
je dis au Marquis ; Vous voyez
Monfieur, que j'ai rempli mon
engagement. Je fuis venu à Paris , j'ai expliqué toute l'ardeur
de votre paffion à Monfeigneur le
Duc, il ne dépend point de moi
que vous foyez plus heureux ; c'eft
la faute de la fortune qui vous a

 fait

fait naître trop grand. Je compte donc que vous allez trouver à devenir tranquille, nous le ferons auſſi beaucoup davantage, car vous n'ignorez pas que les paſſions d'une jeune fille comme ma niéce cauſent de grands dérangemens dans une famille.

Je pris congé de Mr. le Duc & de lui, & je ſortis de la chambre. Il me ſuivit preſqu'auſſitôt. Je voudrois être né païſan, me dit-il la larme à l'œil, j'aurois du moins un pére qui reſſentiroit les tendreſſes du ſang & qui ne prendroit pas plaiſir à me rendre malheureux : que me revient-il de ma naiſſance, ſinon d'être contraint dans toutes mes inclinations ? Mes laquais ſont plus heureux que moi. Que je devrois vous haïr, continua-t-il en me regardant, pour m'avoir arrêté à Mons ! je vivrois à préſent dans le plus parfait bonheur ; je ſerois auprès de Nadine ; je l'adorerois, j'en ſerois aimé. O Dieu ! que je ſerois heureux ? il ajouta mille choſes que ſa douleur lui inſpiroit, en maudiſſant ſa gran-

deur

deur & tous les Ducs & Pairs du
Royaume. Je ne lui avois jamais
vû répandre tant de larmes. Je
l'exhortai encore au courage & à la
patience. Lorſque je lui parlai de
le quitter il refuſa de me laiſſer ſortir. Ah! me dit-il, permettez que
je vous entretienne de mes peines.
Vous allez voir Nadine & je demeure ici loin d'elle! quelle horrible vie vais-je mener! Ditez-lui
du moins que je meurs pour elle;
que je n'ai plus de bonheur à attendre dans une vie qu'il faut paſſer ſans elle, que je ne ferai que
languir triſtement juſqu'à la mort.
Dites lui . . . . il s'arrêta comme
s'il eût été frappé de quelque réflexion nouvelle : non reprit-il
tout d'un coup, ne lui dites rien;
mais accordez-moi la derniere
grace que j'ai à vous demander,
après quoi je ceſſe pour jamais
d'importuner votre amitié. Souf-
frez que je parte avec vous & que
j'aille dire le dernier adieu à Nadine. Je lui répondis que Mr. le
Duc s'étant expliqué d'une maniere à lui ôter toute eſperance, ce

H 4

vo-

voyage me paroiſſoit inutile, ou ne ſerviroit qu'à lui préparer de nouvelles peines. Il me preſſa néanmoins tellement que je fus obligé d'y conſentir, à condition qu'il en obtiendroit permiſſion de Mr. le Duc.

Il l'obtint. Nous partimes enſemble. Je ne doute point que Nadine le voyant arriver avec moi ne ſe flattât que le ſuccès de mon voyage avoit répondu à ſes deſirs. Je ne la laiſſai point longtems dans l'erreur. Monſieur le Marquis, lui dis-je, vient vous voir pour la derniere fois. Marquez-lui toute la reconnoiſſance que vous devez pour l'honneur qu'il vous fait, mais ſongez qu'il n'eſt plus queſtion d'amour ni pour vous ni pour lui. Il s'approcha d'elle d'un air reſpectueux, & il lui baiſa la main. Il fit quelques plaintes générales du malheur de ſon ſort, auxquelles elle répondit avec modeſtie. Je compris par la reſerve avec laquelle il parloit en préſence de la famille, que ſon eſperance étoit de l'entretenir en particulier ; mais n'ayant

n'ayant point envie de lui en laiffer la liberté, j'affectai de demeurer toujours dans la falle, comme
fi je n'euffe point eû d'autre deffein que de lui tenir compagnie.
Enfin le foir approchant, & con-
cevant fans doute qu'il feroit continuellement obfervé, il prit une
refolution à laquelle je ne m'attendois point. Il me pria de faire
appeller mon gendre, ma fille, &
Amulem qui étoient fortis de la
falle, & il me dit en leur préfence; je fuis bien aife, Monfieur, de
vous découvrir publiquement le
motif que j'ai eû de vous accompagner ici. Depuis que mon pere s'eft expliqué fi pofitivement,
la connoiffance que j'ai de fon humeur m'a fait défefperer de le fléchir; mais s'il a droit de s'oppofer à ma paffion, il n'aura jamais
le pouvoir de l'éteindre. Je prens
Dieu à temoin qu'elle durera autant que ma vie & je jure par tout
ce qu'il y a de plus faint, que je
ne prendrai jamais d'autre engagement. Si le Ciel m'ôte du monde avant mon pere, je mourrai
H 5

avec

avec ce fentiment dans le cœur;
s'il retire mon pere avant moi je
viendrai offrir auffi-tôt à votre niéce un Empire auffi abfolu fur ma
fortune qu'elle l'a maintenant fur
mon ame. Confentirez-vous à l'accepter, continua-t-il, en s'adreffant
à ma niéce? Puis-je efperer que
tandis que j'irai loin de vous me
confumer de langueur & d'ennui,
vous conferverez le fouvenir de
mon amour & un peu de fidelité
pour vos promeffes ? Il lui prit la
main, & en la tenant dans les fiennes
il lui mit au doigt un diamant fans
qu'elle ni moi nous en apperçuf-
fions ; il me le fit voir après l'avoir
mis, & baifant une feconde fois
la main de ma niéce ; que le Ciel,
lui di.-il me puniffe & me tour-
mente avec tout fon couroux fi je
romps jamais la foi que je vous
donne en préfence de toute votre
famille. Surpris de cette action,
j'ordonnai à Nadine de lui remettre la bague : mais il fe leva fans
attendre un moment & prenant lui-
même le chemin des Ecuries, il
fit préparer fur le champ fes chevaux.

vaux. Mes inſtances furent inutiles pour lui faire paſſer la nuit
au logis. Il partit ſans proferer
un ſeul mot, hors la priere qu'il
me fit de permettre qu'il écrivit
quelquefois à ma niéce.

Elle s'étoit retirée pendant ce
tems à ſa chambre d'où l'on eût
beaucoup de peine à la faire deſcendre pour ſouper. Elle n'avoit
plus le diamant du Marquis au
doigt. Je la priai de me le faire
voir & l'ayant envoyé querir, je
fus incertain ſi je lui permettrois
de le conſerver; il ne valoit pas
moins de mille écus. Elle me
parut ſi triſte, que je n'eus point
le cœur de l'affliger d'avantage en
le lui ôtant. J'affectai même de
ne point parler du Marquis, & de
ne nous entretenir que du départ
d'Amulem qui vouloit prendre le
chemin de Mons dès le lendemain.
Il s'étoit pourvû d'un Caroſſe &
de ſix chevaux. Une partie de la
famille ſe mit dans celui de ma
fille & l'autre dans le ſien, pour
lui tenir compagnie & pour aller
dire adieu à Muleid. Nous arriva-
H 6 mes

mes le lendemain au soir à Mons.
Amulem fut charmé de la beauté
de Mademoiselle Therese. Il ne
paroissoit pas que son affection eût
diminué pour son Amant. Elle
eût souhaité, disoit-elle, d'être déja à Amasie. Je fis compliment
à Amulem sur ce qu'il ne perdoit
rien en nous laissant Nadine, puisqu'il avoit retrouvé si-tôt une autre fille. Nous nous séparâmes
avec mille marques de regret &
d'amitié, après que j'eus bien re
commandé à Mademoiselle Therese de demeurer attachée du moins
au Christianisme, & à Muleid de
lui en accorder toujours la liberté.
Cette jeune creature avoit à peine
seize ans. Son pere l'avoit abandonnée, comme j'ai dit, à sa desti-
née. Je ne sçai si cette indifferen-
ce sera approuvée de tous mes lec-
teurs.

LIVRE SIXIEME.

LOrsque j'eus pris quelques jours de repos pour me remettre de l'agitation de tant d'evenemens, je commençai à réflechir sur ma propre condition. Il étoit tems d'executer mes projets de retraite. Je me voyois libre. Combien d'obtacles & de chaines avois-je rompu! J'en remerciai le Ciel avec le plus vif sentiment de mon ame, & sans differer d'avantage j'écrivis au Pere Prieur de l'Abaye de … pour le prier de me faire préparer mon ancien appartement. L'unique inquietude qui pouvoit me troubler encore étoit pour Nadine. J'avois regret de la laisser après moi sans établissement & sans état arrêté. Elle n'étoit point à plaindre du côté de la fortune, la générosité de Mylady R… l'avoit renduë assez riche pour se passer de secours ; mais elle étoit encore dans l'âge le plus tendre. Elle étoit bonne & sans artifice. Je craignois de la laisser exposée

 à

à tous les périls qui environnent
sans cesse une jeune personne, sur
tout lorsqu'elle joint un bon naturel à beaucoup de beauté ; sans
compter que je n'étois pas encore
tranquille de la part du Marquis,
car quel fond pouvois-je faire sur
la modération d'un jeune homme,
dont la vivacité m'étoit connüe &
qui sçavoit prendre si peu d'empire
sur lui-même ! J'aurois souhaité
qu'il se présentât quelque nouvelle occasion de la marier ; cependant ce souhait même, je ne le
formois pas sans repugnance. Je
ne suis point barbare. Je sçavois
quelle violence cette aimable enfant s'étoit déja faite pour épouser
Mr. de B..... mon cœur en a-
voit saigné. Je ne voulois pas ê-
tre toujours son tiran. Sa douceur, son respect pour mes volontez, & cent charmes naturels que
je ne pouvois m'empêcher d'admirer, méritoient un meilleur sort.
Après avoir longtems médité là-
dessus, je m'imaginai que l'air de
la ville pourroit mettre un peu de
changement dans ses inclinations
& lui faire oublier le Marquis. Les
im-

impressions qui se font par les yeux
sont plus fortes que celles de la
memoire. La vuë d'un nouvel
amant, disois-je, affoiblira peu à
peu ses vieilles chaines. J'en parlai à mon gendre & à ma fille.
D.... est une bonne ville qui n'est
point éloignée de leur maison. Je
leur conseillai d'y aller passer l'hiver avec leur famille. La résolution en fut prise à l'instant. Nadine l'apprit, mais elle en avoit
déja formé une qu'il lui tardoit
d'executer, & dont elle vint le
jour d'après me faire l'ouverture.

Elle me dit qu'après avoir re-
flechi sérieusement sur l'état de
son cœur & sur celui de ses esperances, elle ne prévoyoit pour elle qu'une vie amere & malheureuse; qu'elle auroit mauvaise grace
de vouloir me déguiser son affection extrême pour le Marquis;
qu'elle m'avouoit que ce cher a-
mant occupoit tous les endroits
sensibles de son ame; mais qu'é-
tant néanmoins assez raisonnable
pour reconnoitre l'impossibilité
d'être à lui, elle avoit promis au
Ciel

Ciel de n'être à perſonne; que ſa
reſolution étoit d'entrer po: r toute ſa vie dans un Couvent; qu'elle me prioit d'en choiſir un moi-
même, & de differer le moins qu'il
me ſeroit poſſible; qu'elle avoit
formé ce deſſein dès notre prémier
retour de Mons; qu'elle y avoit
été confirmée par la derniere viſite du Marquis & par le ſerment
qu'il lui avoit fait de ſe conſerver
pour elle; qu'elle le connoiſſoit
aſſez pour être aſſurée qu'il ne de-
viendroit point parjure, mais qu'elle voyoit ſi bien que dans quelque
ſituation qu'il pût ſe trouver il ne
lui ſeroit jamais permis de l'épouſer, qu'elle ſe croyoit obligée d'entrer dans le Cloitre pour lui rendre la liberté de diſpoſer de lui;
que tout dur que ce ſacrifice étoit
pour elle, elle ſentoit une joye
délicate de pouvoir donner cette
preuve d'une extrême tendreſſe à
ſon amant; qu'elle ne doutoit pas
néanmoins qu'il ne fit bien des efforts pour s'y oppoſer; mais qu'il
ſeroit aiſé de lui cacher ſon deſſein & le lieu de ſa retraite juſqu'au
tems du dernier engagement.

Je

Je ne manquai point de lui re-
préfenter tout ce que je crus propre à lui faire perdre cette envie.
Je ne me contentai pas même de
lui faire jetter les yeux fur le monde pour lui faire appercevoir mille
plaifirs innocens qu'elle alloit perdre, je la pris auffi du côté de la
religion. Une victime, lui dis-je,
offerte à Dieu par des motifs fi
prophanes, ne fçauroit être devant
lui d'une agreable odeur. C'eft à
votre amant que vous vous facri-
fiez, quel compte le Ciel doit-il
vous en tenir! vous fentirez toutes les peines du Cloitre, vous
n'en aurez pas la feule douceur,
qui eft l'imagination du moins
qu'un genre de vie fi auftere & fi
fingulier fera recompenfé; vous
aurez reçu déja votre recompenfe
par cette fatisfaction délicate que
vous prétendez fentir, à donner u-
ne telle preuve d'amour au Marquis; & lorfque cette tendre va-
peur viendra à fe diffiper, vous
vous trouverez livrée à vous-même, avec auffi peu de confolation
de la part des hommes que de celle de Dieu. Mes remontrances furent

rent beaucoup plus longues, mais elles n'eurent point assez de force pour alterer sa resolution. Elle me déclara même nettement, que si je refusois de lui procurer l'entrée de quelque monastere, elle retourneroit au Couvent d'où le Marquis l'avoit enlevée. Je passe sur mille efforts d'amitié & de caresses que ma fille & mon gendre firent pour l'ébranler. Sa constance triompha de tout. Je fus obligé de lui chercher une maison religieuse où elle pût être agréablement. Elle vouloit que je lui choisisse une campagne, mais j'exigeai absolument qu'elle fût dans une ville. Je me déterminai pour la celebre Abbaye de . . . où la plûpart des religieuses sont des filles de condition, & où l'on reçoit d'ailleurs pour adoucir la cloture un grand nombre de Pensionnaires. Je me rendis avec elle à cette Abbaye. Le marché fut conclû aisément. Mon dessein étoit de la reconduire chez ma fille avant que de l'y laisser entrer, ne l'ayant amenée que pour reconnoître le lieu. Mais je la pressai inutilement de retourner

ner. Non, non, me dit-elle, on ne fort jamais du tombeau. Voici le mien ! J'y veux être enfevelie dès ce moment.

Elle pria l'Abbeffe de lui faire ouvrir la porte interieure. Je l'accompagnai jufqu'aux derniers lieux où il eft permis à notre fexe d'entrer. Elle s'arrêta pour me donner le dernier embraffement, il me fut impoffible de retenir mes larmes. Elle affecta d'abord de montrer plus de fermeté que moi ; mais fes yeux fe groffirent malgré elle, & elle en répandit en abondance. Adieu, mon cher oncle, me dit-elle en me ferrant de fes bras, ayez pitié de votre malheureufe niéce ; fouvenez-vous quelquefois d'elle, comme vous feriez d'une perfonne morte qui vous auroit été chere. Comme j'étois fort attendri de fes pleurs & que je ne fçavois pas précifement quelle en étoit la caufe, je priai Madame l'Abbeffe de fe retirer, & de nous laiffer feuls un moment. Je repetai alors une partie de ce que je lui avois dit chez ma fille. Con-
fultez

fultez bien vos forces, ajoutai-je, n'écoutez pas trop une paſſion deſeſperée qui va vous expoſer peut-être à d'amers repentirs. Une vie heureuſe & tranquille ne ſçauroit être le fruit d'une réſolution violente. Conſidérez ces grilles armées de fer, & ces murs épais qui vont vous retenir malgré vous. Je tremble, ma chere niéce, pour le bonheur de vos jours ; les larmes que vous me voyez répandre viennent de mon inquietude & de ma tendreſſe pour vous.

Elle me répondit que les ſiennes ne venoient ni de la vûë des grilles que je lui montrois, ni de ſes craintes pour l'avenir, mais qu'elle me prioit de les pardonner au ſentiment d'une douleur dont je n'ignorois pas la cauſe. Ah ! continua-t-elle qu'elle va être l'afflição du Marquis ; lorſqu'il apprendra qu'il me perd & que c'eſt moi-même qui me dérobe à lui ! Mon Dieu ! que ſeroit-ce s'il alloit tourner ſon déſeſpoir contre lui-même ! Comment puis-je en effet l'abandonner après tant de

ſerfermens que je lui ai fait d'être fidele! Ne suis-je pas bien miserable de trahir un amant si tendre, & qui m'aime plus que sa fortune & sa propre vie! Dites le moi vous même, mon cher oncle, ajeuta-t-elle, n'est-ce pas le comble de la dureté, & le Ciel me pardonnera-t-il ma perfidie? Pour ce qui régarde vos sermens, lui répondis-je, si vous en avez fait au Marquis, je ne crois pas qu'ils vous lient beaucoup; vous aviez l'un & l'autre fort peu de droit de les faire. Mais je ne puis vous laisser ici dans le desordre où vous êtes. Il faut absolument que vous retourniez avec moi chez ma fille. Il est toujours tems d'entrer ici mais il ne le sera pas toujours d'en sortir. Mes raisonnemens furent des paroles perdues; elle pria l'Abbesse de s'approcher & m'ayant embrassé une seconde fois sans ouvrir la bouche, elle entra dans cette terre de silence & d'oubli pour n'en sortir jamais.

Je m'arrêtai seul dans un parloir voisin, où je me mis à rêver en

ad-

admirant fa réfolution. Je m'y ferois néanmoins oppofé malgré elle & j'aurois trouvé affurement le moyen de l'arrêter, fi je n'euffe fait réflexion que fon ardeur pourroit fe refroidir avant l'engagement. Le Noviciat dure plus d'une année & j'avois deffein avec cela de prier l'Abbeffe de ne fe pas preffer de lui faire prendre l'habit réligieux. Ma rêverie dura longtems dans ce parloir. Jamais le monde ne m'avoit paru fi petit & fi méprifable qu'il me paroiffoit de là. Voyez, difois-je, une paffion amoureufe fuffit pour le faire haïr. Une fille, un enfant de quinze ou feize ans l'abandonne fans retour; elle le facrifieroit tout entier à fon amant, & elle a la force de facrifier fon amant même avec lui; à quoi? à un vain fantôme de délicateffe & de generofité d'amour. Le monde eft donc quelque chofe de bien foible & de bien impuiffant! fes biens & fes plaifirs qu'on appelle des chaines pefantes ne doivent donc le paroitre qu'à des ames lâches, qui n'ont pas une étincelle

étincelle de courage pour les rompre! Comment dois-je les regarder, moi qui ne l'ai connu que par ses amertumes & ses disgraces! moi qui suis au bord du tombeau & qui serai bientôt obligé de le quitter par la nécessité de la nature, quand je ne serois pas porté à le haïr par l'experience de ses miseres & par les lumieres de ma raison. O chere solitude! ajoutai-je avec une espece de transport; doux azile d'un cœur agité trop long-tems par les caprices du monde & par les passions; me serez-vous bientôt rendu! ne me sera-t-il pas permis de faire du moins un essai du repos avant que de passer à l'éternelle tranquilité du tombeau.

Je demandai encore à voir un moment ma niéce à la grille, elle y vint. Ses yeux étoient encore humides de pleurs. Adieu, lui dis-je, adieu ma chere Nadine. Je vais suivre votre exemple, & selon les apparences c'est pour la derniére fois que je vous parle. Adieu, ma chere enfant. Je vais prier le ciel de rendre la paix à votre cœur, & de vous faire trouver

ici

ici plus de bonheur que dans le malheureux monde que vous avez quitté ? Puiſſiez-vous apprendre à goûter la ſolitude, puiſque vous la choiſiſſez pour le partage de vos jours ! puiſſiez-vous donner à votre ſacrifice une intention pure & chrétienne & des vûës dignes du maître que vous allez ſervir ! c'eſt de lui - même qu'il faut attendre cette faveur. Il l'accorde quand il lui plaît. Sa main s'ouvre & ſe referme par des jugemens d'une profondeur infinie. Je le ſolliciterai ſans ceſſe pour ma chere niéce avec toute l'ardeur de mon ame. Adieu tendre Victime; que ne puis-je dire de l'amour divin ! O ciel ! ajoutai-je, quand vous rendrez - vous le maître d'un cœur ſi bon & ſi tendre ! quand lui ferez-vous ſentir que ſa felicité conſiſte à vous ſervir & à vous aimer ! Elle répondit peu de choſes à ce long diſcours. Elle me pria de faire ſes amitiez à ſa famille & de prendre ſoin que le Marquis ne fût point informé du lieu de ſa retraite. Je la quittai en lui recommandant de m'é-

crire

crire & de me marquer sincerement ses dispositions, s'il arrivoit
qu'elle prît quelque dégoût de la
solitude. Je rétournai chez ma
fille. Elle fut fort surprise de me
voir arriver seul. Je lui racontai
toute l'histoire de mon voyage
dont elle fut touchée jusqu'aux
larmes. Je lui dis que mon tour
étoit venu, & que j'allois au premier jour imiter ma pauvre niéce.
J'ajoutai que je prévoyois toutes
les difficultez & les objections que
son amitié m'alloit faire; mais que
c'étoit une résolution si déterminée qu'elle ne devoit rien esperer
de ses prieres & de ses instances.
Je lui fis même promettre qu'elle
me laisseroit absolument tranquille
sur cet article. Cependant il se
présenta encore deux legers obsta-
cles qui reculerent de quelques
semaines l'exécution de mon dessein. J'avois trouvé en arrivant
chez ma fille une réponse du Pére
Prieur de . . . à la lettre que je
lui avois écrite huit jours auparavant, pour le prier de me recevoir
une seconde fois dans son abbaye.

Il m'accordoit ma demande avec
fa civilité ordinaire. Je m'occu-
pai pendant quelques jours à re-
recueillir mes livres & à faire mes
adieux à nos voifins. Un jour au
moment que je m'y attendois le
moins & que je ne penfois plus qu'à
partir, je reçus une lettre du Vicomte de . . . frere du Prince de
R'. . . . par laquelle il me prioit en
qualité de parent de me rendre au
Château de B . . . . où tous fes
parens & fes alliez devoient s'af-
fembler pour une affaire qui con-
cernoit l'honneur de fa maifon.
J'avois entretenu fi peu de liaifon
avec eux, quoique liez d'affez près
par le fang, que je balançai fi je
retarderois mon départ pour le fatisfaire. Cependant comme j'étois
feul de mon nom qui pût fe rendre à B . . . les enfans du feu
Comte de . . . mon oncle étant
à peine au-deffus de l'enfance, je
me refolus d'entreprendre encore
ce voyage. J'arrivai au château
de B . . . où je trouvai qu'une
partie de la compagnie étoit déja
affemblée. Madame la Princeffe
de

de R . . . . étoit morte depuis huit jours & la fille ainée peu de tems avant elle. J'appris cette nouvelle en arrivant. Monsieur le Prince de R . . . . étoit d'une foiblesse d'esprit qui le rendoit incapable de prendre soin de ses affaires, desorte que le Vicomte son frere avoit été obligé de suppléer à sa place dans l'affaire importante dont il étoit question, & c'étoit lui qui devoit présider en quelque sorte à l'assemblée. En attendant l'arrivée de plusieurs personnes qui manquoient encore, je me fis instruire du fond de l'avanture pour laquelle nous étions appellez. Voici ce qu'on me raconta.

Monsieur le Prince de R . . . . chef de l'illustre famille de B . . . . avoit eu quatre filles de son épouse sans en avoir aucun enfant mâle. Il étoit, comme j'ai dit, d'un esprit foible jusqu'à l'idiotisme, uniquement occupé de ses dévotions, & dominé imperieusement par son épouse qui avoit toutes les qualitez directement opposées. C'étoit une Dame qui avoit sçû

 pren-

prendre les airs covenables à sa
naiſſance, quoiqu'elle eût paſſé la
plus grande partie de ſa vie dans
la Province. Elle aimoit le jeu,
la dépenſe, & les parties de plai-
ſirs, la galanterie même ne lui
étoit pas inconnuë. Elle avoit beſoin
de ces paſſetems pour ſe conſoler
de la froideur ſtupide d'un époux
qui n'étoit point capable d'honne-
teté ni de complaiſance pour elle.
Telles étoient ſes occupations lors
qu'un Gentilhomme voiſin de St.
O . . . qui ſe nommoit le Comte de B . . . entreprit de s'inſi-
nuer dans ſa faveur. Il paſſoit pour
un des Gentilhommes de la Province les mieux faits & de la meilleure mine; il n'étoit pas riche,
ſa pauvreté avoit peut-être été la
premiere cauſe de ſon amour pour
la Princeſſe, qui jouiſſoit pour le
moins de ſoixante mille livres de
rente. Il avoit été marié, & il
lui reſtoit de ſon épouſe un fils
unique qu'il faiſoit appeller le Baron de L . . . , homme d'une
figure deſagreable, & qui avoit outre cela la mauvaiſe qualité d'être
pu-

punais. Le Comte de B . . . . eût
donc l'adreſſe de s'introduire dans
la maiſon de la Princeſſe de R...
il la prit par tous ſes foibles, il la
flata, il ſçut faire le paſſionné,
en peu de tems il ſe mit au-deſſus
de la concurrence & ſupplanta
tous ſes rivaux. La Princeſſe ne
voyoit plus que par ſes yeux, bientôt elle ne fit plus rien que par
ſes mains. Il ſe chargea de l'ad-
miniſtration de ſes biens, & du
gouvernement de ſon domeſtique.
Il ne lui manquoit que le nom
pour être maître abſolu de la Dame & de toute la famille. Si le
Comte eût ſçû ſe borner, il eût peut-
être tiré de ce commerce des uti-
litez plus ſolides ; mais l'ambition
& l'interêt l'aveuglerent. Il commença par ſe rendre odieux dans
la famille, par la maniere haute &
fiere dont il traitoit les domeſtiques. L'Intendant ſurtout qui étoit
un homme d'eſprit & d'honneur,
ſouffroit impatiemment les airs
d'autorité de cet étranger. Il n'o-
ſoit adreſſer ſes plaintes ni à la
Princeſſe qui étoit l'eſclave de ſon

I 3

amant

amant, ni au Prince que le Comte traitoit en imbecille ; ni aux jeunes Demoiselles qui avoient été élevées dans une crainte & un respect infini pour leur mere. L'ainée commençoit néanmoins à sentir la dureté du joug, mais elle en étoit plus à plaindre de le sentir sans pouvoir l'éviter. La tyrannie du Comte alla si loin, qu'il perdit toute mesure & tout menagement à l'égard du Prince. Il lui fit affront plusieurs fois en public, il régla la petite somme qu'il auroit à depenser pour ses plaisirs & il s'en faisoit un en compagnie de lui offrir quelquefois un ou deux louis d'or que l'autre recevoit respectueusement comme une grace ; mais c'étoit encore trop peu que cet Empire pour les desirs du Comte, il avoit formé un projet de plus haute importance, auquel il rapportoit depuis long tems tous les soins qu'il rendoit à la Princesse. C'étoit de faire épouser à son fils l'ainée des Demoiselles, & de transporter ainsi dans sa famille le titre & les biens de la maison de

B..

B... il ménageoit ce deffein avec toute l'adreffe dont il étoit capable. Loin de le propofer à la Princeffe, il l'avoit amenée au point de lui en faire la propofition elle-même. Il affecta d'abord d'en être furpris & de la regarder comme une chofe au-deffus de fes efperances ; ce defintereffement la confirmoit dans l'eftime qu'elle croyoit lui devoir, de forte qu'elle vint non pas peut-être à fouhaiter ce mariage plus que lui ; mais à marquer hautement fes intentions à cet égard, pendant qu'il ne faifoit que les entretenir fecretement par fes artifices. L'Intendant fut un des premiers de la maifon qui fçût cette nouvelle. Sa haine pour le Comte, autant que fon zéle pour fes maitres, le porta à traverfer de toutes fes forces cet odieux complot. Il s'adreffa d'abord à la jeune Demoifelle qu'on deftinoit au Baron de L... Elle ignoroit encore le coup qu'on alloit lui porter. Sa furprife fut extrême, & fon indignation encore plus grande ; il l'entretint autant qu'il pût

I 4

dans

dans ces fentimens. Comme ce
fut par lui-même que je me fis
raconter cette hiftoire, je puis la
mettre dans fa bouche pour épargner à mon lecteur l'ennui d'un
recit trop fimple, & denué d'action
& de fentimens.

Je fis fentir vivement à ma jeune maitreffe, me dit l'Intendant,
le tour qu'on lui préparoit & la
honte qui rejailliroit fur toute la
maifon de B . . . fi les titres &
les richeffes de la principale bran-
che paffoient dans une famille, qui
n'avoit pas cent ans de nobleffe
ni cent mille livres de bien. Je lui
repréfentai avec cela dans quelles
mains elle tomberoit en époufant
un vilain homme, qui ne pouvoit
même être fouffert en compagnie
à caufe de fes infirmitez dégoutan-
tes & qu'une fille du commun
n'auroit pas voulu accepter pour
époux. J'exagerai la tyrannie du
Comte, fes airs méprifans, fur-
tout à l'égard de Mr. le Prince
pour qui il manquoit de refpect
en toute occafion ; & quoique je
n'ofaffe lui apprendre tout que je
fça-

sçavois de son commerce avec Madame la Princesse, je ne laissai pas de lui faire entendre adroitement quantité de choses qu'elle ignoroit, & qui lui causerent la derniere surprise. Après lui avoir communiqué une partie de mon horreur pour le Comte & pour son fils, je lui donnai quelques conseils sur la maniere, dont elle se devoit conduire. On ne manquera point, lui dis-je Mademoiselle, de vous faire bientôt la proposition du mariage. Si vous en avez l'éloignement que vous devez, je suis d'avis que vous la receviez d'abord avec mépris & avec dedain plutôt qu'avec colere; si l'on revient à la charge comme on ne manquera pas d'y revenir, l'unique réponse que vous puissiez faire, c'est que dans une affaire de cette importance où il s'agit de l'honneur de toute la maison de B . . . vous êtes resoluë de ne rien entreprendre sans avoir consulté toute votre illustre famille. Enfin je la priai de m'avertir de la maniere dont on en useroit avec

I 5

elle

elle ; afin que je puſſe lui donner mes avis ſelon les occaſions. Il ne ſe paſſa pas longtems ſans qu'elle en eût beſoin. Madame la Princeſſe l'ayant fait appeller, lui déclara ouvertement qu'elle avoit diſpoſé d'elle en faveur du Baron de L . . . & qu'il falloit qu'elle ſe préparât à lui donner la main. Cette jeune Demoiſelle, frappée apparemment du ton imperieux de ſa mere, qu'elle étoit accoû-tumée à reſpecter, n'eut pas la for-ce d'exécuter les réſolutions que je lui avois fait prendre. Elle n'eût pas même celle de lui faire la moindre réponſe. Elle la quitta avec une reverence fort ſoumiſe, & elle me fit donner ordre auſſi-tôt de me rendre dans ſon appar-tement. Je la trouvai toute en pleurs. Elle me raconta ce qui venoit de lui arriver avec ſa mere, ſans me cacher la foibleſſe qu'elle avoit eûë de n'oſer lui répondre. Je fus irrité dans le fond de cette timidité à contretems ; pour exci-ter un peu ſa hardieſſe, j'affectai de regarder ſon mariage comme

ab-

abſolument certain & de la plaindre
d'une néceſſité ſi fâcheuſe. Elle me
prit d'avoir pitié d'elle, & de la ſauver d'une choſe qu'elle craignoit
plus que la mort. Quel moyen, lui
dis-je, de vous ſauver, lorsque vous
prenez plaiſir vous-même à vous
perdre? Je ne doute point, Mademoiſelle, ajoutai-je, que le Baron de
L . . . n'ait ſçu vous paroître
aimable, puisque vous n'avez point
eu le courage de le refuſer pour
époux. Comptez qu'il a fait dans
votre cœur des progrez que vous
ne ſçavez peat-être point encore,
mais qui ſont réels & très-avan-
cez, car il ne peut y avoir qu'une
telle raiſon qui ait pû vous inſpirer tant de timidité. S'il eſt donc
vrai que vous l'aimez, le reſpect
que j'ai pour vous ſçaura bien
m'empêcher de me plaindre de votre mariage, ou de vous en parler
comme d'une tache pour votre
honneur & pour celui de la maï-
ſon de B . . . Je la mis par ce
diſcours dans une diſpoſition à
tout entreprendre. Elle me dit
qu'elle étoit prête de retourner à
ſa mere, s'il le falloit, & de lui dé-

　　　　　　　clarer

clarer qu'elle choifiroit la mort
plutôt que le Baron. Non, repris-
je, il faut attendre qu'il s'en offre une autre occafion : mais fi le
Baron vient vous parler de galanterie & d'amour, c'eft fur lui-même qu'il faudra faire tomber directement vos mépris. Traitez le
avec une hauteur qui puiffe lui
ôter la penfée de revenir. Elle me
le promit, je la quittai, pour lui
laiffer préparer les termes dont
elle fe ferviroit. Le Baron vint en
effet la voir l'après-midi en particulier. Il lui parla comme un
homme qui étoit deftiné à l'honneur d'être fon époux & qui n'a-
yant point d'inquietude fur fon
fort dont il étoit affûré , fouhaitoit feulement de le rendre plus
agréable en obtenant le cœur de
fon époufe avec fa main. Elle
écouta fon compliment fans le regarder. Elle lui dit enfin lorfqu'il
eut achevé de parler, qu'elle avoit
voulû l'entendre jufqu'au bout,
parce qu'elle ne pouvoit s'affurer d'abord de ce qu'il avoit à lui
dire , mais que puifqu'il s'étoit
ou-

oublié jusqu'à ce point, elle alloit
appeller du monde & le faire jetter par les fenetres s'il ne se reti-
roit promptement. Il voulût répondre & justifier sa hardiesse par
l'ordre qu'il avoit reçû de la Princesse & de son pere. Elle ne fit
que lui jetter un coup d'œil mé-
prisant & appeller en effet quelques Domestiques. Il sortit de sa
chambre avec beaucoup de honte
& il alla se plaindre à son pere de
la fierté avec laquelle il avoit été
traité. Le Comte qui étoit lui-
même extrêmement fier, fut piqué
jusqu'au vif de l'infortune de son
fils. Il communiqua son ressentiment à la Princesse, qui fit donner ordre sur le champ à sa fille
de la venir trouver. Elle vangea le
Baron par les reproches durs &
humilians dont elle l'accabla ; elle
la menaça des derniers effets de sa
colere, & pour conclusion elle lui
protesta que si elle continuoit à
s'opposer le moins du monde à ses
volontez, elle l'enfermeroit pour
toute sa vie dans un Couvent, &
qu'elle substitueroit sa cadette au

I 7   droit

droit d'aineſſe. La pauvre Demoiſelle trembloit de toute ſa force
au ſortir de cette terrible converſation. Comme j'avois appris
qu'elle avoit reçu la viſite du Baron & que peu après elle avoit été
appellée par ſa mere, je m'étois
imaginé une partie de la verité, &
j'étois dans ſa chambre à l'attendre lorſqu'elle revint. Sa conſter-
nation paroiſſoit ſur ſon viſage.
Elle me dit qu'elle étoit perduë,
qu'elle venoit d'être traitée comme une miſerable, qu'on avoit éé
juſqu'à la menacer de lui ôter ſes
droits d'aineſſe & de la mettre dans
un Couvent; qu'elle étoit tentée
d'y aller volontairement pour prevenir des malheurs qu'elle ne
croïoit pas pouvoir éviter. Je lui
répondis qu'elle perdoit trop-tôt
courage. Je lui demandai ſi elle
n'avoit rien oppoſé au diſcours de
ſa mere. Rien, me dit-elle, elle
m'auroit aſſurement maltraitée ſi
j'avois oſé lui répondre. Je vois
bien repris-je, qu'il faut vous rendre ſervice malgré vous - même.
En prémier lieu ſoyez perſuadée
que

que la menace de vous priver de vos droits , & de vous mettre malgré vous dans un Couvent est une pure chimere. Vos droits ne dependent ni de la Princesse ni du Comte. Pour ce qui regarde les visites du Baron qu'on veut vous forcer de recevoir , recevez les pour conserver la paix , mais ne relachez rien du mépris que vous lui avez marqué ; il se rebuttera peut-être lorsqu'il verra votre constance à le rejetter. Si l'on vous presse d'en venir à la conclusion , j'écrirai à Mr. le Vicomte votre oncle & à vos plus proches parens. Il n'est pas possible qu'ils vous laissent opprimer si indignement , & qu'ils ne s'opposent point pour leur propre honneur aux injustes desseins du Comte. Elle me promit de suivre exactement mes conseils. Je n'aurois pas tardé si longtems à donner avis à Mr. le Vicomte de tout ce qui se passoit, si mon attachement pour la maison ne m'eût fait craindre d'y mettre la division & le trouble. J'étois résolû d'attendre à l'extremité

té pour recourir à ce rémede.
J'ai eû tort, continua l'Intendant,
car les defordres que j'apprehen-
dois de là ne pouvoient gueres ê-
tre plus funeftes que ceux qui font
arrivez depuis, & que je dois peut-
être attribuer à mon filence. Le
Baron renouvella fes vifites par
l'ordre de la Princeffe. Elle l'a-
mena elle-même dans la chambre
de fa fille, à qui elle commanda de
le recevoir comme un Gentilhomme qui devoit être fon époux. Elle les laiffa feuls. Mademoifelle
de R... écouta les galanteries du
Baron fans répondre ; & elle continua de tenir la même conduite
dans les vifites qu'il lui rendoit
deux ou trois fois le jour. La
Princeffe en fut informée. Elle
lui en fit un nouveau crime, &
fes perfecutions furent fi violentes,
que le chagrin que cette pauvre
Demoifelle en conçut lui caufa
une maladie de langueur, qui la
mit en deux où trois mois au tombeau. Cette mort ne fit point ouvrir les yeux à la Princeffe. Au
contraire elle s'applaudit d'être de-
faite

faite de son aînée & elle se promit de trouver plus de facilité dans
sa seconde fille, son dessein ne fit
donc que changer d'objet. Ces
soupirs interessez du Baron se tour-
nerent facilement vers une nouvelle maitresse. Mademoiselle de
R... en entrant dans tous les droits
de sa sœur devint ainsi l'héritiere
de toutes ses peines. Ce changement me causa beaucoup de chagrin. J'étois obligé de recom-
mencer tous mes efforts pour mettre cette jeune Demoiselle dans les
mêmes sentimens, que j'avois tâché d'inspirer à sa sœur. Elle é-
toit beaucoup plus jeune, & je
craignois d'avoir moins de facilité à reussir, cependant mon
zéle surmonta les difficultez. Je
l'enflamai tellement par le récit
des peines qu'on avoit causées à sa
sœur aînée, qu'elle jura de garder
encore moins de ménagemens
qu'elle avec le Baron & même a-
vec la Princesse sa mere. En effet l'occasion s'étant présentée de
déclarer ses sentimens au Baron,
elle le fit avec une hauteur qui lui
auroit

auroit fait perdre toute esperance,
s'il n'eût été soutenu par la Princesse & par le Comte. Cette Dame qui vouloit le mariage à quelque prix que ce fût, & qui avoit
reconnu par l'exemple de sa prémiere fille, qu'il n'est pas toujours
à propos d'employer la violence,
essaïa d'abord de gagner celle ci
par des voyes plus douces. Elle
ne lui parla pas tout d'un coup
des vûës qu'elle avoit sur elle.
Elle lui prodigua ses caresses &
sa confiance. Elle la mit dans
tous ses plaisirs. Elle la prenoit
souvent avec le Comte & le Baron pour passer la nuit au jeu où à
table en partie quarrée. Là par
les libertez qu'elle accordoit au
Comte en sa présence, elle tâchoit
de lui inspirer le goût de l'amour,
& le Baron ne s'épargnoit point
pour lui faire imiter l'exemple de
sa mere. Elle auroit succombé
infailliblement, si je n'eusse pris
soin tous les jours de la fortifier
par mes conseils. L'horreur que
j'avois pour son amant me tenoit
lieu d'éloquence. Je fis tant d'im-

pres-

preſſion ſur elle, qu'elle ſe reſolut
à rompre entierement un commerce, qui n'alloit à rien moins qu'à
la deshonorer. Elle refuſa les nouvelles parties de plaiſir qu'on lui
vint propoſer, & elle bannit abſolument le Baron de ſa préſence.
La Princeſſe étonnée d'un changement ſi imprevû, en ſoubçonna la
cauſe. Les frequentes converſa-
tions que j'avois eües avec ſa fille
m'avoient rendu ſuſpect au Comte. La reſolution fut priſe de ſe
defaire de moi en me donnant mon
congé. Ce fut le Comte lui-même qui eut la hardieſſe de ſe char-
ger de cette commiſſion. Je le
redoutois peu. J'avois pour moi
mon innocence & la droiture de
mes intentions. Il fut ſurpris de
m'entendre répondre à ſes premieres paroles, que je n'avois rien
à démêler avec lui, que je ne re-
connoiſſois point d'autres Maitres
que le Prince & la Princeſſe, &
que j'admirois qu'un étranger voulût ſe mêler de me faire la loi dans
une maiſon où l'ancienneté de mes
ſervices me donnoit plus de droits
qu'il

qu'il n'en auroit jamais. Vous vous oubliez, Monfieur l'Intendant, me dit-il, & vous me forcerez de vous mettre malgré vous dans le devoir. Mon devoir, lui répondis-je, feroit de délivrer la Princeffe d'un homme tel que vous. Il perdit toute contenance à cette réponfe, & je le vis prêt à fe jetter fur moi d'un air furieux. Arrêtez, lui dis-je, en portant la main fur mon épée, fi vous ne voulez que je vous puniffe d'un feul coup de toutes les injuftices que je vous ai vû commettre ici. Il fe retira dans la crainte que je ne fuffe plus mêchant que lui. Je compris bien qu'après un éclat de cette nature la Princeffe ne me souffriroit pas plus longtems dans fa maifon. Je réfolus de prévenir fes ordres en m'éloignant volontairement ; mais avant que de la quitter, je lui rendis un fervice pour lequel je m'imagine qu'elle n'eut pas beaucoup de reconnoiffance. Je montai à fa chambre. Je lui appris le démêlé que j'avois eû avec le Comte & le deffein où j'étois de quit-

ter

ter son service; & lorsqu'elle alloit sans doute répondre qu'elle y
consentoit, je l'interrompis pour
la prier de m'écouter. Je lui ré-
presentai le scandale de sa conduite dans le commerce public qu'elle entretenoit avec Mr. le Comte.
Je lui dis que ses domestiques mêmes en avoient honte & que cette seule raison auroit suffi pour
m'obliger à me retirer; mais j'insistai particulierement sur l'horrible injustice qu'elle commettoit à
l'égard de ses filles. Vous avez
mis la prémiere au tombeau, lui
dis-je, & son sort est plus heureux
que celui que vous préparez à la
seconde. Il est impossible, Madame, que le ciel laisse reussir un
dessein si coupable, & je m'étonne que vous n'apprehendiez point
ses châtimens. Je vous ai rendu
service aussi longtems que je l'ai
pû. Je me suis opposé secretement aux mauvaises pratiques du
Comte & j'ai tâché de détourner
la ruine que vous allez faire tomber sur votre famille. Mais puisque mes bonnes intentions sont si

mal

mal reconnuës & que vous vous
fervez de la bouche même de l'ennemi de votre maifon pour vous
priver de votre plus fidele ferviteur,
adieu Madame, je vous quitte.
J'ai méprifé les ordres du Comte, mais je veux prévenir les vo-
tres. Le feul fervice que je vous
rendrai encore & dont je fuis bien
aife de vous avertir, fera de porter à Mr. le Vicomte la nouvelle
du defordre où vous vivez & de
lui apprendre le tort que vous voulez faire à l'héritiere de la maifon
de B... Je me retirai fur le champ
fans lui donner le tems de me répondre. Un valet m'apprit en de-
fcendant l'efcalier, que le Comte
me cherchoit le piftolet à la main.
Oui? dis-je, nous verrons qui fera le plus terrible. Je pris moi-
même un piftolet dans ma chambre & ayant fuivi les traces du
Comte je le vis au fond de la cour.
Il m'apperçut auffi ; je remarquai
que me voyant armé, il cacha
doucement fon piftolet fous fon
jufte-au-corps. Mr. le Comte lui dis-
je en m'approchant de lui, appre-

nez qu'il vous eſt plus aiſé de prendre de l'empire ſur une femme que
ſur des hommes. Je quitte le château, non pas pour ſuivre vos ordres que je mépriſe beaucoup,
mais pour fuir votre vûë que je ne
ſçaurois ſouffrir. Si je n'ai pas
l'autorité d'arrêter vos injuſtices,
j'aurai ſoin du moins de les pu-
blier, & d'en donner avis à ceux
qui peuvent y mettre ordre. Je
m'éloignai de lui ſans qu'il oſât
répondre un mot, ni montrer même le bout de ſon piſtolet.

Cependant j'avois regret en m'é-
loignant de laiſſer Mademoiſelle
de R... ſans conſeil & ſans ſecours. Je prévoyois que la crainte de manquer ſon deſſein engage-
roit le Comte à en précipiter l'execution, & du caractere dont je
le connoiſſois, je ne doutai point
qu'au défaut de l'artifice, il n'em-
ploïât la violence. Le ſenſible interêt que je prenois au danger de
cette Demoiſelle m'empêcha de
quitter le village, pour être à portée de lui offrir du moins les ſecours dont je ſerois capable. J'é-
cri-

crivis seulement par la poste à Mr. le Vicomte, & je l'instruisis de l'entreprise que la Princesse & le Comte avoient formé au préjudice d'une maison à laquelle j'étois si attaché. Je lui marquai aussi le malheur que j'avois eû d'être obligé de quitter le service de la Princesse & le motif qui me faisoit demeurer à B... en attendant les ordres qu'il lui plairoit de m'envoyer. Comme j'avois au château plusieurs domestiques qui m'étoient affectionnez, j'entretins par leur moyen une liaison secrete avec Mademoiselle de R... Je lui fis sçavoir que j'avois écrit à son oncle, & qu'il ne tarderoit pas vraisemblablement à prendre quelque voye pour la secourir. Elle me fit une triste réponse par écrit. La Princesse, me marquoit-elle, l'étoit allée trouver immediatement après mon départ, & elle lui avoit déclaré qu'il falloit épouser le Baron de L... aussi-tôt qu'un courier qui devoit partir sur le champ seroit revenu de la ville épiscopale où elle l'envoyoit querir

les

les difpenfes ; c'étoit tout au plus un délai de trois jours. Je crus Mademoifelle de R . . . perduë. Il ne me reftoit point d'autre reffource que de l'exhorter à une genereufe refiftance, en lui repréfentant plus vivement que jamais ce qu'elle devoit à elle même & à fa famille. Enfin le courier revint avec les difpenfes. J'en fus informé auffi-tôt par un billet de la Demoifelle. Mais dans le tems que je croïois fes affaires défefperées, le Ciel y mit un grand changement par l'accident le plus trifte & le plus imprevû. La Princeffe mourut d'une attaque fubite d'apoplexie. Il étoit vifible que ce coup partoit de la providence de Dieu, & tout autre que le Comte en auroit été effrayé. Il n'eft pas moins certain que fi j'en euffe été inftruit promptement, j'aurois donné du fecours à Mademoifelle de R . . . Quand il auroit fallû emploïer la violence pour la tirer des mains de fes perfecuteurs, il m'auroit été facile d'attrouper quelques païfans, qui fe feroient

unis de bon cœur pour délivrer
leur jeune Maitreſſe ; mais ſi le
Ciel n'avoit pas permis que le mal
devint auſſi grand qu'il y avoit
lieu de le craindre, il vouloit nous
laiſſer aſſez d'embaras pour exercer long tems nôtre patience. Le
Comte étoit ſeul avec la Princeſſe lorſqu'elle fut atteinte de l'a-
poplexie qui la fit mourir en un
moment. Loin d'appeller les Domeſtiques à ſon ſecours, il prit le
parti de cacher ſa mort juſqu'après
l'execution du deſſein qu'il méditoit. Il ſortit de ſa chambre dont
il tira la clef après lui, & ſans
perdre un moment il fit épouſer
Mademoiſelle de R.... à ſon fils.
Il eut beſoin pour cela d'emploïer
des violences inouïes. La Demoiſelle ayant refuſé conſtam-
ment d'y conſentir, il la fit prendre par ſes Domeſtiques qui la
porterent malgré ſes cris à la chapelle. Le Baron & le Chapelain
s'y étoient déja rendus. Le Comte prit lui-même la main de Mademoiſelle de R... qui s'efforçoit
de la retirer, & il la préſenta à ſon
fils.

fils. Elle tomba dans un evanouif-
fement qui lui fit perdre la connoiffance. On ne laiffa point d'a-
chever la cérémonie, & de fe flater qu'une fcene fi monftrueufe
pafferoit pour un mariage légitime.
La tyrannie du Comte ne fe borna point là. Il jugea bien que fi
le mariage ne fe confommoit point
avant que la mort de la Princeffe fe fût répandüe, il couroit rif-
que de perdre le fruit de fes peines. Mademoifelle de R. auroit
réclamé contre la violence & ne
fe feroit jamais prêtée à fes defirs. Il la fit donc porter au lit
nuptial dans l'état où elle étoit,
c'eft-à-dire, fans force & fans connoiffance & le Baron fe hâta pour
s'y mettre avec elle. Mais la juftice de Dieu avoit arrêté que le
Comte demeureroit chargé du crime de fon entreprife & qu'il n'en
recueilliroit point le fruit. Mademoifelle de R... revint à elle.
Elle envifagea avec horreur tout
ce qui venoit d'arriver. Elle re-
trouva bien-tôt affès de force pour
fe dégager des mains du Baron, qui
K 2

étoit

étoit au défefpoir de ne s'être pas
preffé davantage. Elle fortit d'a-
vec lui fans être fa femme, & elle
alla s'enfermer feule dans fa chambre. Cependant le Comte voyant
qu'il ne pouvoit cacher plus longtems la mort de la Princeffe en
inftruifit toute la maifon. Le bruit
s'en répandit en un moment dans
le village. Je l'appris de la bouche de quelques païfans. Pendant
que je méditois fur cette avanture inopinée, je reçus un billet de Mademoifelle de R.. par
lequel elle me racontoit fon malheur, & elle me demandoit mon
fecours. Je lui confeillai par une
réponfe que je fis fur le champ,
de fe dérober du château à l'entrée
de la nuit, & de me venir joindre
dans un petit bois qui touche le
jardin, où je l'attendrois avec des
chevaux. J'ajoutois que s'il lui
paroiffoit impoffible de s'evader
fans la connoiffance du Comte,
elle prît la peine de me le faire
fçavoir auffi-tôt, & que je trou-
verois affez de fecours pour la
mettre en liberté malgré lui. Elle

le me marqua qu'elle croïoit pouvoir se rendre dans le bois. J'allai l'y attendre avec quelques païsans bien armez. Elle y vint seule,
n'ayant osé se confier à personne.
Elle se mit derriere moi sur mon
cheval & nous primes la route de
Bethune pour gagner de là la terre
du Vicomte de... son oncle. La
nuit étoit obscure & les chemins
glissans, ce qui m'empêchoit d'a-
vancer aussi vite qu'il eût été nécessaire. Son évasion ne fut pas
longtems à être apperçüe par le
Comte. Sa fureur fut égale à sa
surprise. Il ne douta point qu'elle
n'eût fui par mon secours, car il
n'avoit pû ignorer que j'étois demeuré dans le village. Il fit monter à cheval tout ce qu'il y avoit
de Domestiques au château, & il
se mit avec eux sur nos traces. Nous
marchions tranquillement Mademoiselle de R... & moi, lorsqu'un
des païsans qui nous accompa-
gnoient m'avertit qu'il entendoit
le bruit de plusieurs chevaux. Je
prêtai l'oreille, il devint plus clair
à mesure qu'ils avançoient ; je

   suis

suis certain, dis-je à Mademoiselle
de R... que nous sommes pour-
suivis. Je périrai plutôt que de
vous laisser retomber entre les
mains de vos tyrans. Cependant
comme je m'imaginois bien qu'ils
étoient en plus grand nombre que
nous, je crus qu'il falloit joindre
s'il étoit possible l'adresse à la résolution. Nous n'avions malheureusement aux environs ni bois ni
haïes qui pussent nous servir de retraite. Il fallut nous borner à nous
écarter du chemin; nous quittâ-
mes nos chevaux dans les terres
labourées. Je priai Mademoiselle de R... d'avancer seule une
centaine de pas plus loin & de s'y
asseoir à terre afin qu'elle ne pût
être apperçue dans l'obscurité, &
je lui recommandai de ne revenir
à nous que lorsqu'elle entendroit
ma voix. Pour moi je laissai un
de mes quatre hommes à garder nos
chevaux, & retournant vers le
chemin je mis ventre à terre avec
mes compagnons pour observer le
nombre & la contenance de ceux
qui nous poursuivoient. Nous a-
vions

vions nos fufils & nos piftolets a-
vec nous. En un moment nous
les découvrimes à dix pas. Ils
n'étoient que cinq avec le Comte
à leur tête. Le Baron n'y étant
point je jugeai qu'ils s'étoient par-
tagez en plufieurs bandes pour fuivre divers chemins. J'étois refolû
de les laifler paffer tranquillement,
voyant qu'ils n'avoient apperçû
ni nous ni nos chevaux : mais un de
mes païfans qui avoit quelque fujet particulier de reffentiment contre le Comte , ne trouva point à
propos de perdre cette occafion de
fe vanger. Il lui lâcha un coup
de fufil fans m'avoir averti de fon
deffein. Heureufement qu'il avoit
moins d'adreffe que de colere. La
balle ne bleffa perfonne. J'étois
perfuadé qu'après cette action nos
ennemis alloient tomber fur nous,
& je me hâtois de me lever pour
me mettre en état de me deffendre.
Mais le Comte aimoit trop la vie
pour l'expofer au danger. Soit
qu'il nous prît pour des voleurs,
foit qu'il ne confultât que fa crainte, il tourna bride tout d'un coup

& se sauva au grand galop avec ses compagnons. Nous lui accordames toute la liberté qu'il paroissoit desirer pour s'enfuir. Je retournai vers nos chevaux & j'appellai à haute voix Mademoiselle de R... qui avoit pensé mourir de fraïeur au bruit du coup de fusil. Elle rit elle-même de sa crainte, lorsqu'elle eût appris la bravoure du Comte. Nous arrivames le lendemain au soir chez Mr. le Vicomte de.... il avoit reçu la lettre par laquelle je l'avois informé des desordres du chateau de B.... & il se préparoit à s'y rendre lui - même avec quelques-uns de ses amis. Il apprit avec indignation les nouveaux effets de l'audace du Comte & du Baron. Il lui parut d'abord que cette affaire se devoit terminer par la mort du pere & du fils, & sans doute qu'il se fût assez hâté pour les trouver encore à B... si ses amis ne l'eussent point empêché de suivre le premier mouvement de sa colere; mais en le priant d'y faire une réflexion plus serieuse, ils

l'ont

l'ont fait entrer dans leur sentiment qui a été d'assembler ses parens & ses amis, pour déliberer en
commun sur les moyens de tirer satisfaction de cette injure. Ce n'est
que depuis hier que nous sommes
arrivez à B . . . ajoûta l'Intendant & vous n'avez pas de peine à
croire que le Comte & le Baron
se sont bien gardez de nous y attendre.

Cette histoire a fait trop de bruit
dans la Province pour être ignorée
de personne. Je passai quatre jours
au château de B . . . On y agita
dans l'assemblée si l'honneur du
Vicomte demandoit une répara-
tion par les armes. Mon âge
me procura d'opiner le premier.
J'ouvris l'opinion pacifique. Elle
fut suivie du plus grand nombre.
Mes raisons ne furent point tirées
de l'horreur que doivent inspirer
les combats particuliers, ni de leur
opposition aux Loix du Christianisme ; cette morale auroit été peu
goûtée d'une multitude de jeunes
Gentilhommes qui étoient dans des
principes tous differens. J'insistai

K 5

seu-

seulement sur ce que cette affaire
me paroiſſoit d'une nature à devoir être terminée par la juſtice
civile. Mr. le Comte de . . . . s'é-
toit fait aimer de la Princeſſe, c'é-
toit un cas des plus communs. Il
avoit ſouhaité de faire épouſer à
ſon fils l'héritiere de la maiſon de
B . . . ; ce mariage n'auroit point
été un avantage pour cette maiſon , mais ç'en étoit un ſi grand
pour le Comte , qu'on ne pourroit
lui faire un crime de l'avoir deſiré ? Il ne reſtoit à excuſer que la
maniere brusque dont il s'y étoit
pris ; la circonſtance de la mort de
la Princeſſe & le péril où il étoit
de voir avorter ſes deſſeins , ſem-
bloient le rendre pardonnable.
Enfin , dis - je à l'aſſemblée, il
me ſemble que les injures qui
viennent du mépris & de la haine,
ſont les ſeules qui démandent d'ê-
tre vangées par le ſang, & je ne
vois rien dans toute la conduite du
Comte & du Baron à l'égard de la
maiſon de B . . . . qui me paroiſſe
venir de l'une ou de l'autre de ces
deux ſources. Je conclus donc
que ſi le Comte s'obſtinoit à vouloir

loir que le mariage de Mademoiselle
de R . . . & de son fils passât
pour constant, il falloit resister à
ses prétentions & tâcher de les
faire déclarer nulles devant les tri-
bunaux ordinaires. Cet avis l'em-
porta à la fin.

Si l'on s'imagine un homme al-
teré qui cherche avidement à rassa-
sier sa soif, & qui s'impatiente de l'é-
loignement d'une source d'eau , à
laquelle il s'éfforce d'arriver, on
aura quelque idée de l'ardeur avec
laquelle je retournai vers ma solitude. Je ne demeurerai point ici
vingt-quatre heures, dis-je à ma
fille en arrivant chez elle ; votre
maison est une mer sans fin d'embaras & d'inquietudes. Ce petit
endroit du monde m'a causé
seul autant de peines que l'Europe
& l'Asie que j'ai parcouruës. Je
l'avouë, me répondit-elle ; mais
vous avez toujours eu une fille
fille tendre qui les partageoit. Que
va-t-elle devenir à présent qu'elle
n'aura plus son cher pére, & de quel
œil peut-elle voir l'empressement
qu'il a de la quitter ? Ne m'accu-

sez

fez pas , repliquai-je , d'une indiff e-
rence que je n'ai pas pour vous.
Vous connoiffez trop bien le coeur
de votre pére. Confeffez-vous même qu'il eft tems que je me cache
dans la retraite pour y jouir d'un peu
de repos. Que ferois-je ici? Il eft
vrai je ne fuis point encore decre-
pit ni tremblant , mais croyez-vous
que je ne commence point à fentir
les déperiffemens de l'âge , & qu'il
ne fe paffe bien des chofes au de-
dans de ce corps qui m'avertif-
fent que je touche à la caducité?
Soyez fûre , ma chere , que quelque tendreffe qu'on ait pour un
pére, c'eft une trifte chofe que de
le voir accablé de vieilleffe & d'infirmitez. Si c'eft fincerement qu'on
l'aime, on s'afflige : fi l'on n'eft
pas d'un naturel fi tendre, on s'en-
nuye du fpectacle. La vieilleffe
eft dégoutante. Elle eft chagrine
& incommode. J'ai remarqué que
les fentimens filials s'éteignent en
quelque forte à mefure que le corps
d'un pére s'affoiblit & diminuë,
ils manquent , fi j'ofe parler ainfi,
peu à peu d'aliment. De là vient
qu'on

qu'on se console si vite de la mort d'un vieillard. En verité, s'écria ma fille, si c'est là l'idée que vous avez de moi, j'ai à me louër extremement de votre tendresse & de votre estime. Non, ma chere fille, repris-je, chere Julie! je ne pense pas si mal de ton cœur. Je sçais qu'il est d'une trempe extraordinaire; il est tel que celui de son pére, & tel qu'étoit celui de sa mere. Comment serois-tu dure & ingrate? tu es l'enfant de ma tendresse, & le fruit du plus parfait de tous les amours. Ce n'est donc pas à toi que j'ai eu dessein d'appliquer ma Satire, je me suis laissé entrainer par mes réflexions. Mais je repete en général, qu'il n'est point d'un homme sage de paroître aux yeux du monde, lorsqu'il est devenu la proye de la vieillesse. On lui fait grace si on le supporte. Tous les égards qu'on a pour lui sont des railleries ou des faveurs. Les honnêtes gens ne l'insultent point, mais ils s'applaudissent de leur bonté quand ils le plaignent; & croyez moi, c'est

K 7

un

un trifte perfonnage que celui d'exciter la compaffion. D'un autre
côté, fi l'on ajoûte à ces vûës qui
font purement humaines, toutes les
raifons qui fe prennent du Chriftianifme, on trouvera qu'un vieillard attaché au monde eft un prodige de folie & d'aveuglement. Je
ne veux point d'autre preuve que
fon efprit baiffe & retourne à une
efpece d'enfance. Gracez au ciel
le mien fe foutient encore. Je vois
que je fuis inutile icy bas, ou
que fi je fuis capable d'y faire quelque bien ce n'eft plus qu'à moi
même. C'eft donc le feul foin
dont il faut que je m'occupe ; &
le bien que je veux me faire, c eft
de me procurer à quelque prix que
que ce foit, le fouverain, l'unique, le plus néceffaire, & le plus
important de tous les biens.

Je tins parole à ma fille. Je ne
demeurai que vingt-quatre heures
dans fa maifon. Notre féparation
ne fut pas des plus douloureufes,
parce qu'elle fe promettoit de me
venir voir quelquefois à l'Abbaïe
de . . . & que je ne me retranchois

pas non plus la liberté d'aller de tems en-tems paſſer deux ou trois jours chez elle. Mon gendre m'a-compagna ſur la route. Ce fut luï qui fit naitre le ſecond incident dont j'ai parlé, qui retarda encore de quelques jours le moment de ma retraite. Nous étions dans ſon caroſſe, il avoit plû ſi fort depuis trois ſemaines que les chemins é-toient rompus, de ſorte que mal-gré les efforts de ſix puiſſans che-vaux nous n'avancions qu'avec une extrême difficulté ? Lorsque nous fumes dans la forêt de Sen-lis, nos roues s'enfoncerent tel-lement que nous fumes obligez de deſcendre à terre pour ſoulager le caroſſe, & de marcher à pied en-viron une demie lieuë , dans un ſentier qui regnoit au long des arbres. Je marchois avec aſſez de feu pour un homme de mon âge, ce qui m'empêcha de remarquer que le Marquis qui me ſuivoit dans le ſentier s'étoit arrêté. Je fus ſurpris en me retournant de ne le pas appercevoir. Je l'appel-lai par ſon nom. Il étoit à cent

pas

pas pour le moins derriere moi ; &
comme les arbres qui le cachoient
ne lui permettoient pas non plus
de m'entendre, je retournai fur mes
pas pour le découvrir.   Je le joi-
gnis enfin ; il étoit demeuré à s'entretenir avec une femme de bonne
figure & fort bien mife, qu'on auroit
pû prendre pour une bourgeoife
du premier rang fi elle eût été un
peu moins crottée. Je lui demandai par quel hazard il avoit fait
une fi belle rencontre.   Il me dit
qu'ayant tourné la tête en mar-
chant, il l'avoit vûë qui s'avançoit
derriere lui avec beaucoup de peine, & que la curiofité de connoître
ce que ce pouvoit être qu'une Dame qui fe trouvoit feule à pied au
milieu d'une forêt, l'avoit porté à
s'arrêter. Avez-vous appris d'elle,
lui dis-je, ce que vous defiriez de
fçavoir ? oui me répondit-il, c'eft
une Dame Flamande ; elle a eû le
malheur de perdre fon époux qui
eft mort de maladie en venant à
Paris avec elle. Les frais qu'elle
a été obligée de faire pour prendre
foin de lui ont tellement épuifé fa
bourfe

bourſe qu'elle eſt contrainte d'aller à pied juſqu'à Paris, où elle dit qu'elle trouvera des reſſources parmi ſes connoiſſances. Je ſuis fâché, ajoûta-t-il, que notre route ne nous méne point juſques-là, je lui offrirois une place dans mon caroſſe. Je lui fis auſſi quelques honnêtetez qu'elle reçut fort civilement. Elle continua de marcher avec nous. Lorſque nous trouvâmes à propos de remonter en caroſſe le Marquis lui dit, que nous avions tout au plus deux lieues à faire dans le chemin de Paris, mais que ce ſeroit un petit délaſſement pour elle, ſi elle vouloit prendre une place avec nous. Elle ne ſe fit pas preſſer beaucoup pour monter. A peine étions nous cinquante pas plus loin que nous vimes venir à notre rencontre quelques perſonnes à cheval que nous reconnûmes pour des Archers de la Maréchauſſée. Nous ne fumes pas ſurpris de les voir, ſachant que la forêt de Senlis eſt pour ainſi dire leur domaine, ou du moins le principal champ de leurs exploits.

ploits. Mais ce qui nous étonna fût de voir arrêter notre carosse, & l'un des gardes venir à la portiere. Il nous fit néanmoins des excuses de leur incivilité. Vous sçavez, Messieurs, nous dit-il, à quoi notre emploi nous oblige. Apprenez nous si vous n'avez pas été insultez par personne dans la forêt. Nous répondimes que non, & nous demandames s'il y étoit arrivé nouvellement quelque desordre. Il en arrive tous les jours, reprit l'Archer. On y a tué trois personnes depuis moins d'une semaine, & quantité d'autres y ont été dépouillez. On nous a donné des avis certains que la bande est composée d'onze hommes & d'une femme, & l'on raconte des choses étranges de cette femme, qui commet seule plus de mal que ses onze compagnons. Il nous rapporta là-dessus la maniere dont cette coquine s'y prenoit pour détrousser les passans, & souvent pour les tuer. Elle est à pied, nous dit-il & vêtuë proprement. Elle

porte

porte fous fon bras une boëte moins pefante qu'incommode par fa grandeur. Lors qu'elle apperçoit un cavalier qui paffe dans ce chemin, elle fe laiffe appercevoir. Il y a peu d'hommes qui voyant une femme d'un certain air, au milieu d'une forêt, ne fe laiffe tenter à la curiofité de s'approcher d'elle, & de lui demander ce qu'elle y fait. Elle répond comme elle juge à propos, & fe plaignant de fa laffitude, elle donne occafion au paffant de lui offrir la croupe de fon cheval. C'eft ce qu'elle défire; elle l'accepte, & pour fe préparer plus de facilité à faire fon coup, elle prie fon cavalier de prendre devant lui fa boëte, afin qu'il ait les mains occupées. Alors elle prend fon tems pour lui enfoncer par derriere ou dans le côté un large poignard dont elle eft toujours pourvûë. Nous avons fçû tout ce détail d'un malheureux que nous trouvâmes hier mourant dans cette forêt. Il avoit péri par les mains de cette creature qui l'avoit laiffé pour mort. Nous aurions

rions peut-être pû nous saisir d'elle, car elle ne devoit pas être fort éloignée; mais étant en trop petit nombre pour nous exposer à venir aux mains avec ses onze compagnons, nous remimes à prendre mieux nos mesures aujourd'hui. Nous sommes actuellement cinq ou six escouades qui battons de tous côtez la forêt, desorte que si la bande y est encore il sera difficile qu'elle nous échape.

Nous nous regardions le Marquis & moi pendant tout ce recit. Nous jettions aussi de tems en tems les yeux sur notre compagne. Elle affectoit une contenance si ferme que cela confondoit nos soubçons, car le lecteur s'imagine bien quelle avoit dû être nôtre premiere pensé en entendant l'Archer. Tout ce que nous connoissions de cette femme s'accordoit avec la narration. Elle avoit même la boëte avec elle, & elle l'avoit mise à nos pieds dans le carosse. Je previns le Marquis qui me paroissoit prêt à parler. Je lui serrai la main, & me tournant vers l'Ar-

cher,

cher, je lui dis qu'il nous feroit plaiſir de ſuivre notre caroſſe avec ſon Eſcouade juſqu'à la ſortie de la forêt pour nous ſervir d'eſcorte. Il le fit volontiers. Lorſqu'il fut écarté de la portiere. Je mis la main ſur l'épaule de ma voiſine qui étoit avec moi dans le fond, & je la priai honnêtement de me confeſſer la verité, ſi elle ne vouloit point être livrée à la Maréchauſſée. Elle comprit bien que l'artifice ſeroit inutile. Elle nous avoua que c'étoit elle-même dont il étoit queſtion, & elle ſe reduiſit à nous prier ardemment de lui ſauver la vie. Vous n'en êtes pas digne, lui dis-je, mais puiſque votre bonne étoile vous à fait tomber entre nos mains, nous ſerions fâchez de faire ici le mêtier d'Archers. Ne craignez donc rien pour votre vie; nous nous contenterons de vous faire mettre en lieu de ſûreté. Aiant atteint le bout de la forêt je congediai nos gardes. Je dis au Marquis à l'oreille que nous nous écartions ſi peu de notre route en paſſant par Paris

qu'il

qu'il me sembloit à propos de prendre ce chemin , pour nous defaire
de cette malheureuse femme, en la
faisant mettre pour le reste de ses
jours à la Salpetriere où à Bicetre.
Le Marquis donna ses ordres à
son cocher. Je me tournai ensuite
vers notre heroïne , & je la priai
pour le bon office qu'elle recevoit
de nous , de nous raconter par
quelles avantures elle se trouvoit
engagée dans un genre de vie si
detestable. Elle me répondit qu'elle satisferoit volontiers notre curiosité. Voici son recit.

Tout mon malheur , nous dit-
elle , vient d'avoir été cruellement
trahie par plusieurs Amans. J'é-
tois née d'une honnête famille ,
avec de bonnes inclinations ; j'é-
tois naturellement genereuse & bien-
faisante , & me sentant incapable
de tromper , j'avois la même o-
pinion de tous ceux avec lesquels
je vivois. Je n'étois point absolument sans beauté. Un jeune
homme des voisins de notre maison me trouva digne d'être aimée;
il s'attacha si fort à moi qu'il reus-

fit à me toucher le cœur. Je le crus tendre & fidele. Il me jura de m'époufer & fur cet efpoir, je confentis à tous fes defirs. Le fruit de nos amours ne tarda point à paroitre; mais lorfque je le preffai d'accomplir notre mariage pour me fauver de l'infamie, je fus furprife de l'entendre répondre froidement que fon pere lui avoit acheté une lieutenance de Dragons & qu'il étoit obligé de joindre le Regiment. Mon défefpoir fut extrême. Cependant il falloit l'étouffer pour interêt de mon honneur. Je vis partir mon perfide qui ne donna pas même une larme à ma douleur. Je demeurai feule avec la honte d'avoir été trompée, & la crainte d'un pere extremêment fevere, qui ne pouvoit être longtems à s'appercevoir de ma mauvaife conduite. Mon épouvante fut telle à l'aproche de mes couches, que je me refolus de quitter la maifon paternelle, & pour me mettre à l'abri de la mifere je volai à mon pere environ dix mille écus qui étoient la meilleure

leure partie de son bien qu'il avoit
acquis par le commerce. Je me
rendis à Paris avec cette somme.
J'y pris une chambre & une servante. Le tems de mes couches
étant arrivé, je fus delivrée heureusement d'un garçon qui mourût peu après. La tranquilité revint dans mon esprit & dans mon
humeur. Je parus dans les pro-
menades publiques & aux specta-
cles. J'y reçûs des civilitez de plusieurs galants de profession, & je
sentis que malgré la tromperie
cruelle que j'avois déja essuyée,
mon cœur courroit volontiers le
risque d'un nouvel engagement.
J'étois déterminée seulement à m'y
prendre avec plus de précaution.
C'étoit le seul fruit que je voulois
tirer de mon experience. Il se
présenta bientôt un amant tel qu'il
me sembloit que je l'aurois choisi,
s'il s'en étoit présenté mille. Dieux!
qu'il étoit aimable, & qu'il paroissoit tendre & genereux! J'oubliai
toutes les resolutions que j'avois
faites de le mettre à l'épreuve.
J'en devins folle jusqu'au point de
me

me rendre à la troisiéme visite. Il ne parut point disposé à abuser de sa victoire. Au contraire, il affecta de me faire voir de l'augmentation dans sa tendresse. Il ne pouvoit être un moment sans moi ; il me fit consentir à le recevoir dans ma maison pour vivre ensemble sous le nom d'époux. Je lui demandai à quoi il tenoit que nous ne le devinssions réellement. Il fit semblant d'avoir besoin de quelques jours pour y penser. Enfin il revint me donner sa foi, & nous fumes mariez avec les cérémonies de l'Eglise. Ma bonté ou plutôt mon aveuglement étoit si grand, que je ne m'informai pas même quel étoit son bien & sa famille. Il vivoit à mes dépens, & je ne croïois pas achéter trop cher un si charmant époux. Mon bonheur dura quinze jours. Un Dimanche que j'étois allée à la messe, il profita de mon absence pour enlever mon argent & mes bijoux, de sorte que je me trouvai à mon retour dépouillée de tout jusqu'à mes habits. Ma servante avoit été

de concert avec lui , & ils s'étoiént
enfuis enfemble.   Je tombai eva-
noüie à la vûe de mes pertes, &
je demeurai fi longtems dans cet
état, que c'eft un miracle que j'en
fois revenüe. Il étoit prefque nuit
lorfque je recouvrai la connoiffance. L'état où je me voyois reduite
étoit fi defefperant, que je n'avois
plus d'autre parti que de me donner la mort. Je répandois un ruif-
feau de larmes en pouffant des
cris & des foupirs.   Le bruit que
je faifois attira dans ma chambre
un étranger qui defcendoit d'une
chambre plus haute, où il étoit
venu pour quelques affaires. Ma
porte étoit entr'ouverte, il entra;
je ferois ravi, Madame, me dit-il,
d'être capable de vous rendre fervice dans l'excès de trifteffe où
vous me paroiffez être.   Je lui racontai mon infortune. Il en parut
touché.   Comme je lui avois dit
qu'on m'avoit tout enlevé jufqu'au
dernier fou, il eût la generofité
de m'offrir quelque argent que la
néceffité m'obligea d'accepter. Il
fit plus , il prit foin de me faire
ap-

apporter à souper, & il me tint compagnie pendant toute la soirée. En me quittant il me demanda la permiſſion de revenir le lendemain. Je regardai cette rencontre comme le plus grand bonheur qui pût m'arriver dans une conjonĉture ſi triſte. Je le revis le lendemain ſuivant ſa promeſſe. Il me fit un préſent plus conſiderable que la veille & il m'aſſura que je ne manquerois de rien tant que je voudrois conſentir à recevoir quelque choſe de lui. Ses viſites & ſes liberalitez ne ſe relâcherent point. Il me fit entendre à la fin qu'il me trouvoit aimable & que ſes ſoins n'étoient pas tout à fait deſintereſſez. Je conſultai mon cœur. Il me ſembloit qu'après deux trahiſons auſſi noires que celles que j'avois éprouvées, je ne devois plus prendre de confiance aux ſermens des hommes. Qu'eſt-ce qui pouvoit deſormais me répondre de leur fidelité? J'avois été trompée par deux perſonnes dont j'avois été idolâtre; pouvois-je attendre plus de ſincerité & de conſtance de ceux

qui me feroient indiferens car je
ne me fentois plus de difpofition
à aimer, & je me croïois guérie
pour toute ma vie de cette funef-
te paffion. Mon nouvel amant
ne le rebuta point, quoique je lui
découvriffe ingenuement le fujet
de ma froideur. Il m'en aima d'a-
vantage, parce qu'il vit que je n'é-
tois pas encore capable de tromper. Il continua à me preffer par
fes affiduitez & fes careffes, &
encore plus efficacement par fes
liberalitez. Il m'aime fincerement,
difois-je, en moi-même ; il n'y a
que l'amour qui puiffe le rendre
fi conftant & fi liberal. Je n'ai
rien à rifquer, puis qu'il ne me refte plus rien à perdre, engageons
nous pour la troifiéme fois. Je
parvins ainfi peu à peu à l'aimer,
& je m'applaudiffois d'autant plus
de ce nouvel amour qu'il me fembloit que c'étoit de ma part un engagement de raifon qui ne feroit
pas fujet par confequent aux funeftes fuites d'un tranfport aveugle & déreglé. Je ne tardai pas
longtems à me rendre après ces
réfle-

réflexions. Je trouvai dans mon amant toute la tendresse & la complaisance qu'une femme peut desirer pour être heureuse. Nous passames dans cette union environ trois semaines, au bout desquelles il me proposa de faire un voyage en Province pour aller mettre ordre à quelques affaires de famille. Je fus la premiere à lui demander si ses parens me verroient de bon œil avec lui. Il me dit qu'il étoit le maitre de sa conduite. Ma délicatesse sur sa reputation parut lui plaire. Je me croïois donc la mieux aimée de toutes les femmes. Nous partimes pour sa ville natale. Nous y demeurames quelques jours. Il paroissoit impatient de retourner à Paris. Je ne l'étois pas moins. Nous en reprimes la route, comptant d'y arriver après une absence d'envion quinze jours. Perfides hommes, s'écria notre voleuse; que ne puis-je en éteindre toute la race! Le troisiéme jour de notre marche, étant à dix lieües de Paris, nous nous couchâmes avec les marques de notre affection or-

dinai-

dinaire. Je paſſai toute la nuit
dans un profond ſommeil. Le
matin m'étant éveillée vers les
neuf heures, je ne ſentis point mon
amant à mon côté. Je me figurai
que me voyant dormir tranquillement il étoit allé faire préparer
notre chaiſe afin qu'elle fût prête
à mon reveil. Je me levai, je le
fis appeller on m'apprit qu'il étoit
parti trois où quatre heures auparavant. Parti ! m'écriai-je, oüi,
Madame, il eſt parti dans la chaiſe, & il nous a dit que vous aviez
deſſein de paſſer ici quelques jours.
J'étois ſans un ſou. Il avoit em-
porte la male même où étoient
mes habits. Il eſt vrai qu'ils me
venoient de lui, mais enfin c'é-
toient mes habits. L'unique grace qu'il m'eût faite avoit été de
payer la dépenſe de l'auberge. O
ciel, continua-t-elle, une femme
ne ſçauroit mourir de rage, puiſque
j'eus la force de reſiſter à la mienne. Ce fut alors que je ſouhaitai
que tous les hommes enſemble
n'euſſent qu'une vie, & que j'euſſe
le pouvoir de la leur arrâcher avec

mes

mes dents & mes ongles. Je mordois mes propres bras de défefpoir. Je quitta l'hôtellerie comme une furieufe, & je me mis à pied à la pourfuite de mon perfide, fans confiderer que je n'avois nul efpoir de le rejoindre. Je marchai cinq ou fix lieuës avec une action qui m'empêchoit de fentir ma laffitude. Mais une traite fi longue épuifa tout d'un coup mes forces. Je fus obligé de m'affeoir à l'entrée d'une forêt. Je m'écartai de quelques pas du chemin pour me cacher aux yeux des paffans. Là je maudis tout le genre humain, & je fis des imprécations contre les hommes depuis Adam jufqu'à nous. J'invoquai la mort. Je livrai mon traître à toutes les furies, enfin je m'abandonnai aux cris & aux larmes avec une violence qui acheva de m'affoiblir & qui me mit hors d'état de continuer mon chemin. La nuit prit la place du jour. Je crus qu'il me feroit impoffible de gagner un lieu qui pût me fervir de retraite. Tandis que j'étois dans cette in-

quie-

quietude & que l'obfcurité la re-
doubloit , j'entendis le bruit de
quelques paffans. Je me trainai
vers eux pour leur demander du
fecours , ou pour les prier du moins
de me fervir de guides. C'étoit
là que je devois trouver la con-
fommation de mon mauvais fort.
Ces paffans étoient des voleurs at-
troupez qui cherchoient leur proye. Il me reçurent néanmoins fort
humainement. Mais je compris en
un moment par leurs difcours ,
dans quelles mains j'étois tombée.
Dois-je vous le confeffer ? ajouta
notre hiftorienne ; je ne regardai
point cette avanture comme un
malheur. Dans la fureur qui me
faifoit fouhaiter du mal à tous les
hommes , je me vis fans regret au
milieu de douze perfonnes dont la
profeffion étoit de nuire au genre
humain. Je les trouvai plus ouverts & plus finceres que les perfides qui m'avoient trompée ; ils ti-
rerent de leur fac quelque partie
de leurs provifions qu'ils me firent
prendre avec beaucoup de douceur.
Je fus préfente dès cette prémiere

nuit

nuit au dépouillement de plufieurs
voyageurs , & loin d'en être effrayée je n'aurois pas été fâchée
qu'ils leurs euffent ôté même la
vie, tant ma haine contre les hommes étoit déja endurcie. Lorsque l'heure fut venüe de quitter
le grand chemin, ils me conduifi-
rent avec eux dans la plus épaiffe
partie de la forêt où étoit leur cabane. S'ils n'y avoient pas toutes
les commoditez de la vie, ils ne
manquoient pas non plus du néceffaire. On alluma des lampes
pour fe reconnoitre à la lumiere.
Tandis que la curiofité les portoit
à confiderer de près mon vifage,
j'apperçus parmi eux le fecond de
mes infidelles, je veux dire celui
qui m'avoit époufé dans les formes & qui s'étoit fauvé de Paris
avec ma fervante. Mes tranfports
qui n'étoient pas encore éteints fe
rallumerent à cette vûë plus fu-
rieufement que jamais. Je fautai
fur une bayonnette, & je l'enfon-
çai quatre ou cinq fois dans fon
cœur avant qu'il eût pû prévoir le
coup. Traitre ! lui dis-je en le

L 5

fra-

frapant, puissent tous ceux qui te ressemblent être exterminez encore plus cruellement. Tous ses compagnons se régarderent avec admiration, en s'écartant de moi pour attendre la fin de cette trage.ie. Je jettai la bayonnette à terre. Mrs. leur dis-je, je viens de délivrer la terre & vous du plus lâche de tous les hommes. J'ai fait ce que vous auriez dû faire vous-même si vous aviez connu ses crimes comme moi. Là-dessus je leur racontai le tour cruel qu'il m'avoit joué, & de peur qu'ils ne se défiassent d'une femme qui devoit leur paroître sans doute assez resoluë, je les assurai que depuis quatre heures que j'étois avec eux, je les estimois déja plus que tous les hommes ensemble, & que je consentois de bon cœur à passer ma vie parmi eux. L'accord fut scellé de part & d'autre. Il y a trois mois que je suis dans leur compagnie, & je puis me flater d'avoir sçû m'attirer quelque considération de toute la bande. Ce n'est pas tout d'un coup que je me suis

mise

mise à exercer aussi le métier. Je demeurois les premieres semaines seule dans la cabane, pendant qu'ils alloient à la petite guerre; & mon occupation étoit de préparer le souper pour leur retour. Mais ma haine contre les hommes qui ne me donnoit point de relâche & les discours qu'ils tenoient en ma présence m'enflerent tellement, que je leur proposai à la fin de m'associer à leurs entreprises. Je devins aguerrie en moins de tems qu'ils ne s'imaginoient. Mes essais me firent honneur, & j'ai tenu depuis un des premiers rangs dans la bande par ma hardiesse & le succez qui m'a toujours accompagnée. Tous les hommes que j'ai tuëz sont autant de victimes que j'ai sacrifiées à ma fureur, plutôt qu'à mon avarice & à l'envie de m'enrichir. Voilà, Mrs. ajoûta cette malheureuse, l'histoire que vous avez voulu entendre. J'ai toujours fort bien prévû que notre troupe seroit dissipée ou saisie à la fin par la Maréchaussée, & que nous aurions le sort commun des voleurs. J'avouë que cette pensée m'a ef-

 frayée

frayée quelquefois ; c'eſt un bonheur pour moi d'être tombée dans
vos mains, puiſque vous m'avez
promis de mettre ma vie en ſûreté ; la plus grande marque que
je puiſſe vous donner de ma reconnoiſſance, nous dit cette ef-
frontée en finiſſant, c'eſt de vous
remettre mes armes. Elle tira en
même tems de ſes poches deux
petits piſtolets, & un large poignard des plis de ſa juppe. Je fre-
mis, en les voyant, de l'imprudence que j'avois eû de ne pas les
lui ôter avant qu'elle eût commencé ſon recit ; car il lui auroit
été facile aſſurément d'en uſer
contre nous, pendant que nous lui
prêtions notre attention. Etant arrivez à Paris j'envoyai querir un
des Directeurs de la Salpetriere, à
qui j'appris ſon hiſtoire après lui
avoir faït promettre de ne ſe ſervir
de cette connoiſſance, que comme
d'une bonne raiſon pour la tenir
enfermée le reſte de ſes jours.
Nous fumes ainſi délivrez d'elle,
& nous nous rendimes ſans obſtacle à l'Abbaïe de . . .

Je

Je puis commencer à compter de ce jour le tems de mon repos & de la paix de mon cœur. S'il m'est encore arrivé d'avoir quelque leger sujet de trouble, c'est la délicatesse de l'amitié ou la tendresse du sang qui l'a fait naître. Le ciel content des épreuves auxquelles il m'a mis si long tems, à épargné ma foiblesse ces dernieres années ; il m'a traité comme un vieillard épuisé de forces qui n'est plus propre au combat, & à qui ses seuls désirs tiennent lieu deformais de mérite pour se présenter à la recompense. C'en est un bien foible sans doute aux yeux d'un maître redoutable, qui a droit d'exiger tant de ses serviteurs ; mais sa misericorde est le fond consolant de mes esperances. Il ne m'a pas conservé si long tems pour me perdre. Il ne m'a point fait sentir si vivement qu'il est le seul bien de mon cœur, pour me priver un jour de ce qu'il m'a fait aimer, & pour m'éloigner de sa présence après me l'avoir fait regarder comme ma seule felicité.

L 7

Soit

Soit par un effet de la difpofition de mon efp.it, foit réellement par la fituation naturelle du
lieu , l'Abbaye de . . . me paroit un des plus charmans fejours
du monde. Les bâtimens en font
magnifiques. Les jardins y répon-
dent par leur beauté & leur éten-
duë. L'art n'y a rien épargné pour
orner la nature. On y trouve des
bois, des fontaines , & presque
dans toutes les faifons des fleurs
& de la verdure. J'ai toujours
aimé ces ornemens fimples de la
terre, qui font pour ainfi dire les ref-
tes de notre premiere innocence.
Je trouve une douceur infinie à
les cultiver de mes propres mains.
La premiere chofe dont je m'oc-
cupai en arrivant, fut à faire un
partage de toutes les heures du
jour pour me tenir continuellement éloigné de l'oifiveté. La lecture, la converfation, & la promenade font les chefs principaux
de mes occupations. Je ne me
fais pas un fimple amufement de
la lecture. Je lis pour m'inftruire
ou pour m'édifier. Je me fers des

nou-

nouvelles lumieres que je m'efforce d'acquerir, pour étendre & perfectionner les idées que j'ai toujours euës de la vertu & de l'honneur. Mes sentimens s'échauffent à cette vûë, mon cœur s'attache plus que jamais au devoir, & mon esprit ne se lasse point de le soutenir par de continuelles réflexions qui le fortifient & multiplient ses motifs. Les sciences humaines ne flattent plus mon goût. Si elles produisent quelques fruits, l'âge ne me permet plus de les recueillir. C'est être oisif que de s'occuper d'un travail inutile. Je me renferme dans les connoissances de la religion & de la morale, qui sont à présent les seules de mon ressort, & qui sont sans doute les plus solides, puisque l'utilité en dure éternellement.

Pour la conversation je ne m'en procure gueres d'autre que celle des solitaires avec lesquels je demeure. Quoique la plûpart n'ayent que des lumieres bornées ils ont le sens droit. La solitude les rend se-

ſerieux & attentifs. Ils ne ſont point diſtraits par les objets des paſſions. Leur raiſon profite du ſilence de leur imagination. S'ils ne ſont point capables d'une converſation fine & délicate, ils raiſonnent juſte & ils penſent ſolidement.

La promenade fait ma troiſiéme occupation. Je marche en conſiderant les ouvrages de la nature & j'admire leur varieté. J'aide par mes ſoins à la naiſſance & à l'accroiſſement de quelques fleurs & de quelques fruits dont j'ai pris la direction. Je promene mes regards ſur le paſſage tranquille qui m'environne. Je meſure des yeux la diſtance du ciel à la terre, & je gemis quelquefois de la peſanteur qui m'empêche de m'élever à cette region de felicité. Le reſte de mon tems eſt occupé par la priere. Je pris cet ordre de vie dès que le Marquis mon gendre m'eût quitté pour retourner chez ſon épouſe, & j'eſpere le ſuivre fidellement juſqu'à ma derniere heure. Quelques mois ſe paſſerent ſans que j'entendiſſe parler du Marquis mon

Ele-

Eleve , & de ma niéce Nadine.
J'interprêtai avantageusement ce
silence dans l'un & dans l'autre.
Ils sont tranquilles, disois-je, l'absence a produit son effet ordinaire.
Cependant un jour que j'étois à
travailler paisiblement dans mon
petit jardin , je fus extrêmement
surpris d'y voir entrer le Marquis. Il m'embrassa avec transport.
Je le conduisis à mon appartement , & je lui demandai si c'étoit
un reste d'amitié & de souvenir
qui m'attiroit l'honneur de sa visite.
Il ne me dissimula point qu'avec
le plaisir de me voir , il avoit été
amené par l'esperance d'apprendre
de moi dans quel lieu ma niéce
s'étoit retirée.   Je ne doute point,
me dit-il, qu'elle ne soit retour-
née dans quelque Couvent , mais je
vous avoüe , ajoûta-t-il , que lui
ayant écrit plusieurs fois chez
Madame votre fille où je la croiois
toujours , je m'étois flatté du
moins que quelque part qu'elle fût,
on lui feroit tenir mes lettres. Elle
ne les a pas reçûes assurément puisque je n'en ai point eu de réponse.

fe. Je voudrois fçavoir quel droit Madame la Marquife croit avoir fur des lettres qui viennent de moi, & qui ne font pas pour elle-même. Comme il me paroiffoit un peu irrité, je lui répondis doucement, qu'il accufoit ma fille peut-être mal à propos; & qu'il pouvoit être vrai, ou qu'elle n'eût pas reçû fes lettres, ou que les ayant reçûes elle les eût envoyées à Nadine qui n'avoit pas jugé que la bienfeance lui permit d'y répondre. Non, non, réprit-il, j'ai paffé chez Madame votre fille, & non feulement elle a confeffé qu'elle a reçu mes lettres, elle me les a même rendues fans les avoir ouvertes. Dequoi vous plaignez-vous donc, lui dis-je? Si vous ne trouvez pas, répondit-il, que j'ai lieu de me plaindre, c'eft fans doute que vous me condamnez, & dans cette fuppofition je n'ai pas un mot à ajouter. Mais pourquoi me trouveriez-vous coupable pour avoir écrit à votre niéce, puifque vous n'ignorez pas les promeffes que je lui ai faites, & que je ne perdrai jamais

mais la volonté de les exécuter ?
Je ne laiſſai pas d'être un peu em-
baraſſé à lui trouver une bonne
réponſe. Mais . . . . lui dis-je,
en héſitant un peu, vous ſçau-
rez bien que ces ſortes de promeſſes qui marquent à la verité beaucoup de bonté de votre
part, ne changent rien à la ſituation de ma niéce, & qu'elle n'en
eſt pas plus autoriſée à entretenir
un commerce de lettres, qui ne
convient peut-être pas à une fille
ſage & retenuë. Vous ne me l'a-
vez pourtant pas interdit, répartit-
il encore d'un air affligé, lorsque
je vous en ai demandé la permiſſion à vous-même ; il eſt vrai, repliquai-je, que je ne m'expliquai
alors que par mon ſilence ; mais
c'eſt que mon amitié me faiſoit
craindre de vous cauſer du chagrin. Je vois donc trop bien,
ajoûta-t-il, que non ſeulement
vous m'ôterez la ſatisfaction d'é-
crire, mais que vous ne m'accorderez par même celle de ſçavoir
où votre niéce s'eſt retirée. Je lui
dis froidement qu'elle pouvoit
avoir

avoir changé de demeure depuis
que j'étois dans cette Abbaye, &
que je pouvois l'assurer qu'il y
avoit trois mois que je n'avois
point reçu de ses nouvelles. Il me
tourna brusquement le dos à cette
réponse, & il sortit malgré moi en
me répetant plusieurs fois que je
me moquois de lui ; mais qu'il
sçauroit bien la découvrir, fût-elle
enfermée au fond d'un cachot par
ma dureté. Il remonta à cheval à
l'instant, & toutes mes prieres ne
purent l'arrêter. Quoiqu'il n'y
eût point d'apparence qu'il décou-
vrît le lieu où ma niéce étoit, j'é-
crivis à ma fille pour la prier de
se rendre à son Abbaïe, & de recommander plus que jamais à l'Abbesse d'être exacte sur le secret.
J'étois bien aise d'ailleurs qu'elle
vit Nadine & qu'elle pût m'apprendre de ses nouvelles. Ma fille
fit ce voyage aussitôt. Elle vint
me voir moi-même à son retour,
& j'eus lieu d'être content de sa
rélation. Nadine commençoit à
goûter sa retraite. Elle ne soupi-
roit plus. Ses pleurs étoient taris.
Elle

Elle parloit encore du Marquis, mais sa passion se changeoit peu à peu en une tendre amitié ; en un mot si elle étoit entrée dans le cloitre par désespoir, il y avoit sujet d'esperer que l'inclination pourroit l'y retenir. Je benis le Ciel de ce changement, surtout lorsque ma fille ajoûta qu'elle étoit une des plus ferventes novices, & que l'Abbesse ne cessoit point de se loüer de son zèle & de sa pieté. Je reçûs peu de tems après une lettre d'elle. La douceur de son stile acheva de me persuader que son cœur n'avoit pas perdu la paix sans ressource. Elle paroissoit desirer avec ardeur le tems de se lier par des vœux. Elle parloit de ses agitations comme d'une chose qu'elle commençoit à voir dans l'éloignement. Elle faisoit l'éloge des douceurs d'une vie tranquille & solitaire ; enfin j'apperçus dans sa lettre tous les symtomes d'une guérison commencée, que le tems acheveroit de perfectionner. Je lui fis une longue réponse pour fortifier de si heureuses dispositions.

La

La paix de mon propre cœur en fut augmentée sensiblement. Il n'y avoit que le Marquis dont le souvenir me causât encore quelque amertume. Il m'étoit toujours cher, & son bonheur étoit la seule chose qui manquât à la perfection du mien. Il revint à l'Abbaïe environ deux mois après sa derniere visite. Quoiqu'il dût me connoître assez pour être assuré que je ne conservois aucun ressentiment de la maniere dont il m'avoit quitté la derniere fois qu'il m'avoit vû, il m'aborda de l'air d'une personne qui a quelque chose à se reprocher. Il me fit des excuses de la chaleur avec laquelle il m'avoit parlé. Je ne les écoutai que pour admirer la bonté de son cœur. Il fallut s'entretenir aussi-tôt de Nadine. Il m'apprit tristement qu'il avoit envoié dans la plûpart des Couvens du Royaume, & que tous ses soins n'avoient eu nul succès. Comme il me paroissoit excessivement affligé, & que son but étoit sans doute d'exciter ma compassion, qu'il connoissoit facile à

émou-

émouvoir, je lui dis que j'allois lui rendre un service auquel il ne s'attendoit pas. Que feriez-vous, continuai-je, fi Nadine vous étoit infidelle? Il me répondit fans héfiter, qu'il mourroit de douleur, ou peut-être de fa propre main. Mais ajoûta-t-il, il eft impoffible qu'elle le foit. Que penferiez-vous, répris-je, fi fans être infidelle, c'eft-à-dire, fi continuant de vous aimer toujours avec beaucoup de tendreffe, elle renoncoit à l'efperance que vous lui avez donnée d'être à vous? Je dirois . . . . . ; mais je ne dirois rien, répartit-il en s'interrompant, car vous me contez-là des impoffibilitez. Je fuis fûr qu'elle m'aime, & qu'elle eft convaincuë que je l'adore. Elle ne voudroit pas me défefperer, comme elle fçait bien qu'elle feroit en m'abandonnant. Permettez, lui dis-je, que je m'explique davantage. Ma niéce vous aime tendrement fans doute, elle feroit la plus ingrate fille du monde, fi après tant de témoignages de votre fincere ardeur & de votre

conf-

conftance, elle n'avoit pas pour vous le jufte retour qu'elle vous doit.　Mais elle a reconnu que fon amour produit le même effet par rapport à vous que feroit la haine d'un autre.　Il trouble votre repos, il dérange votre fortune, il vous fait oublier les grandeurs pour lefquelles vous étes né, il vous écarte de la foumiffion que vous devez à Mr. le Duc.　Elle a été effraïée de fe trouver la caufe de tant de defordres, & par un effort même d'amour, elle a pris la refolution de facrifier fa tendreffe à vos interêts. De quoi pouvez-vous l'accufer? je regarde fon procedé comme un exemple admirable de générofité qui doit lui attirer éternellement votre eftime.　On voit affez de gens qui font violence à leur cœur quand ils s'apperçoivent que leurs paffions nuifent à leur fortune, mais où en trouve-t-on qui facrifient leur fortune & leur paffion tout enfemble aux interêts de l'objet qu'ils aiment! Ce defintereffement eft fi étrange que je le ré-

gar-

garde comme un prodige dans une petite perſonne de l'âge de ma niéce. Si je vous diſois encore qu'elle ne ſe borne point là; qu'elle veut vous remettre dans toute la liberté dont vous pourriez croire que vos promeſſes & vos ſermens vous ont privé, & que pour vous rendre ce ſervice elle ſacrifie la ſienne, ne conviendriez-vous pas que c'eſt peut-être le dernier effort du cœur humain, un effort qui ne paroîtroit pas vraiſemblable dans un Roman? Voilà néanmoins, mon cher Marquis, ce que ma niéce a fait pour vous. Liſez la lettre qu'elle m'écrit, ajoutai-je en tirant de ma poche la lettre de Nadine, vous verrez à qui cette pauvre enfant s'immole, & vous jugerez s'il eſt vrai qu'elle vous aime. Il lût la lettre. Il me la rendit ſans parler, & il ſe jetta ſur une chaiſe en levant les mains & les yeux au Ciel avec un mouvement extraordinaire. Les pleurs coulerent en un moment de ſes yeux, ſans qu'il ſongeât à les eſſuyer. Je m'aſſis auprès de lui. Vous

devriez donner ces larmes, lui dis
je, à l'eſtime & à l'admiration plutôt qu'à la douleur. Je n'oſe a-
jouter que la joye même devroit
y avoir quelque part ; cependant
il y a peu de perſonnes qui n'en
reſſentiſſent de cette ſeule penſée,
que leur mérite ou leur bonheur
a fait naître une des plus belles,
& des plus genereuſes paſſions qui
furent jamais. C'eſt un plaiſir que
les richeſſes & la Grandeur ne
donnent point, un plaiſir de la nature qui n'eſt attaché à nulle condition, & qui eſt unique en quelque ſorte, en ce qu'il part d'une
cauſe qui n'eſt propre qu'à lui.
On me ſert par interêt, on me
loüe par flatterie, on me careſſe
par artifice ; mais pour l'amour il
n'eſt accordé qu'à moi : le ſeul motif qu'on puiſſe avoir de m'aimer
eſt que je ſuis aimable. Envain
voudroit-on déguiſer une paſſion
réelle, ou contrefaire une paſſion
ſincere. Mille marques trahiſſent
le cœur. En fait d'amour & de
haine il y a des preuves qui ne
ſont point équivoques. Je tachois
ainſi

ainsi d'amuser & d'assoupir la tristesse du Marquis par des raisonnemens vagues, mais flatteurs. Il
les écoutoit sans me répondre. Il
s'occupoit sans doute des resolutions qu'il avoit à prendre. Sçavez - vous, mon cher Marquis,
ajoutai-je, le parti qui vous rêste
à suivre? C'est de tirer, s'il est possible, assez de force de l'exemple
de ma niéce, pour retrancher de
votre passion ce qu'elle a d'incommode pour vous-même. Vous re-
trouverez par là votre repos, &
vous satisferez toujours votre cœur,
en y conservant pour ma niéce
la tendresse & l'estime que vous
croyez qu'elle mérite. Quand vous
serez dans cette situation, je ne
ferai plus difficulté de vous conduire moi-même au lieu de sa retraite & de vous procurer à l'un
& à l'autre la satisfaction de vous
voir & de vous entretenir avec innocence. Vous l'aimerez comme
votre sœur, elle vous recevra avec
l'affection qu'on a pour un frere;
& moi que vous avez appellé quelquefois votre pere, & qui régar-

de

de Nadine comme ma fille, j'en-
trerai dans vos fentimens, je par-
tagerai vos innocentes careffes,
nous ferons ainfi l'image de la plus
pure & de la plus parfaite union
dont trois cœurs foient capables.

Je fus la duppe du Marquis dans
cette occafion Je ne fis point attention en lui laiffant lire la lettre
de ma niéce, que le lieu de fa demeure étoit marqué avec la datte.
Il jetta les yeux deffus & il n'eut
garde de l'oublier. Après avoir
écouté longtems mes difcours avec
beaucoup de patience & fans autre
marque d'émotion que fes larmes,
il me quitta honnêtement. Je lui
demandai s'il retournoit à Paris;
il me répondit ambigûment qu'il
pafferoit quelque tems dans la Province; mais ce ne fût pas dans celle que je m'imaginois. Il alla droit
au château que Mr. le Duc avoit
à quelques lieuës de l'Abbaye, il
ne s'y arrêta que pour prendre a-
vec lui quelques Domeftiques, &
il fe rendit de là directement à C.
où eft le Couvent de ma niéce.
Avant que de demander à lui parler,

ler, il lui écrivit une longue lettre pour la préparer à sa viiite. Il
ignoroit que c'eſt la coûtume des
Couvens, que la Superieure ouvre
& lit les lettres qui ſont adreſſées
à ſes Religieuſes ; l'Abbeſſe ou-
vrit donc la ſienne qu'il avoit en-
voïée par un de ſes laquais, & elle ſe trouva dans un extrême embaras après cette lecture. Comme le Marquis y parloit de la viſite qu'il devoit faire le même jour
à ma niéce, elle ne ſçavoit ſi elle
devoit le refuſer ou l'admettre ;
l'un offençoit le Marquis qui étoit
d'une qualité à mériter du reſpect,
& l'autre expoſoit beaucoup ſa
jeune Novice. Cependant le laquais attendoit la réponſe. Elle
ſe détermina à lui faire dire, que ſi
ſon maitre prenoit la peine de venir au Couvent, il y ſeroit vû avec
beaucoup de ſatisfaction. Le Marquis ne tarda point un moment à
s'y rendre, & il prit ces paroles que
ſon laquais lui rapporta, pour u-
ne marque de l'affection de Nadine. Il fut ſurpris néanmoins en
entrant dans le parloir, de ſe voir

M 3

at-

attendu à la grille par un viſage inconnu. C'étoit l'Abbeſſe elle-même. Elle lui témoigna de la reconnoiſſance pour l'honneur qu'il lui faiſoit de venir dans l'Abbaïe, & elle fut quelque tems à l'entretenir de choſes indifferentes ſans oſer lui parler la prémiere de ma niéce. Il n'eut point la patience d'eſſuyer longtems un fâcheux entretien. Il demanda s'il ne lui ſeroit pas permis de voir Nadine. L'Abbeſſe emploïa toute ſon induſtrie pour lui faire entendre honnêtement que ce n'étoit pas la coûtume des maiſons religieuſes, que les étrangers y entretinſent les Novices à la grille. Comment, Novice? s'écria le Marquis. L'Abbeſſe m'a raconté depuis, qu'il fut prêt à s'evanoüir à cette nouvelle. Il laiſſa échaper mille plaintes contre la rigueur de ſon ſort & l'infidelité de ma niéce. Il ſe leva de ſa chaiſe, il ſe promena à grands pas dans la ſalle, il s'aſſit & ſe leva encore en pleurant & en gemiſſant, deſorte que l'Abbeſſe qui avoit le cœur

ſen-

senfible, comme l'ont toutes les
Religieufes, fe trouva extraordi-
nairement attendrie. Enfin il revint à elle, & il la conjura de la
maniere la plus preffante de lui
faire voir Nadine ; fût-ce en fa
préfence, ne fût-ce que pour un
moment. Elle ne crût pas qu'il
lui fût permis de le refufer. Elle
la fit appeller. Ma niéce ne s'attendoit nullement à cette vifite.
Son étonnement fut fi grand à la
vûë du Marquis, qu'elle jetta un
cri perçant à la porte fans avoir
la force d'avancer. L'Abbeffe fut
obligée de l'aller prendre elle-même & de l'amener à la grille par
la main. Le jeune Amant fut fi
touchant dans fes plaintes & dans
fes reproches, qu'il tira des larmes
des yeux de l'Abbeffe. Nadine
l'écouta avec modeftie. Ses réponfes furent fages & tendres. Elle lui raconta naturellement par
quels motifs elle s'étoit déterminée à la vie religieufe. Elle le
remercia de l'affection dont il l'a-
voit honorée. Elle le pria même
de la conferver autant que fon pro-

pre repos & l'état qu'elle avoit embrassé pouvoit le permettre, & elle lui protesta qu'il n'y auroit jamais de diminution dans la sienne. Cette pauvre enfant se fit violence dans ce moment jusqu'à ne point laisser échaper une larme; desorte que celle qui causoit tant de pleurs étoit la seule qui n'en répandoit point. Leur conversation dura environ une heure. Le Marquis ne se possedoit point lorsqu'elle voulut se retirer. Il la pria de souffrir du moins ses visites. Elle s'excusa sur les obligations de sa régle, & elle lui dit que c'étoit un plaisir dont elle se priveroit jusqu'au tems de son engagement, où elle seroit charmée de le voir assister. Il ne pût rien obtenir d'elle au delà de ces dernieres paroles, & d'une promesse générale de l'aimer & de l'estimer toute sa vie.

L'Abbesse m'a dit que les larmes que sa Novice avoit eu le courage de retenir, sortirent en abondance après le départ du Marquis. Elle passa trois ou quatre jours

fans voir perfonne, jufqu'à ce que
la force de fon ame & le fecours
du Ciel lui firent reprendre peu à
peu les apparences de la tranquilité. Je ne fçais ce que devint le
Marquis pendant fix femaines. Je
le revis dans ma folitude au bout
de ce tems. J'avois été informé
de la vifite qu'il avoit renduë à ma
niéce. Ce fut la prémiere chofe
dont il me parla lui-même. Il
me parût que fes peines étoient
beaucoup diminuées & qu'il s'ex-
primoit plus tranquillement fur la
perte de fes efperances. Je commençai à efperer de le voir affez
remis avant la fin de l'année, pour
le prier d'affifter avec moi à la profeffion de Nadine, où il me dit
qu'elle l'avoit invité. Ses répro-
ches ne tomboient plus fur elle;
il admiroit au contraire la grandeur de fon courage & il ne parloit qu'avec raviffement de la de-
licateffe & du defintereffement de
fon amour: Mais il fe plaignoit
amerement de la rigueur du Ciel,
qui l'obligeoit à renoncer à la poffeffion d'un tel cœur, après avoir

M 5   été

été affez heureux pour en obtenir toute la tendreffe. Il parloit de fa naiffance & de fon rang avec un mépris qui l'eût élevé à la perfection du Chriftianifme, s'il eût eu une meilleure caufe. Pour ce qui régardoit la liberté que Nadine prétendoit lui rendre, il proteftoit qu'il ne vouloit point la reprendre, ou qu'il n'en uferoit jamais; qu'il feroit occupé de fa paffion toute fa vie; qu'il en pafferoit la plus grande partie dans le lieu où elle faifoit fa demeure; qu'il jouïroit du moins de la fatisfaction de la voir, & que n'ayant plus à efperer d'autre felicité, il y borneroit tous fes plaifirs & tous fes defirs. J'entrai dans tous fes fentimens. Il retourna au Château de Mr. le Duc, d'où il ne fortit pendant plufieurs mois que pour me venir voir trois fois chaque femaine. Il emploïoit le refte du tems à l'étude où à la chaffe dans le parc. J'allois le vifiter auffi de tems en tems. Nadine revenoit dans tous nos entretiens. Quelquefois il s'attendriffoit ſoit juſqu'aux larmes en parlant d'elle ; quelquefois il paroiſſoit plus ferme ; mais je voïois que cette image, étoit toujours dominante au fond de ſon cœur ; & je travaillois moins à l'effacer qu'à lui faire prendre l'habitude de l'y porter ſans trouble & ſans douleur.

Enfin, le tems arriva auquel le ſacrifice devoit ſe conſommer. Il s'en étoit informé trop ſouvent pour l'ignorer. Je reçus une lettre de l'Abbeſſe par laquelle elle m'en donnoit avis, & elle me prioit au nom de ma niéce d'y aſſiſter avec ma famille. Je la fis voir au Marquis. J'irai, me dit-il avec un grand ſoupir, j'irai, n'en doutez pas ; heureux ſi je puis laiſſer la vie au pied du même Autel où elle va ſe ſacrifier ? Mon gendre & ma fille m'étant venus prendre dans leur caroſſe, il s'y mit avec nous. Le ſien ne laiſſa pas de nous accompagner avec une ſuite convenable. Étant arrivez à C . . . . je voulus voir ma

niéce

niéce avant le jour de la cérémo
nie & je ne pus refifter à la priere
que me fit le Marquis de l'y mener avec moi.   Cette tendre victime parût à la grille dans un ajuf-
tement où je ne l'avois point encore vûë.   Je fus éblouï de fes
charmes. Jamais elle ne m'avoit
paru plus aimable que fous cette
trifte livrée de mort & de penitence. Le repos de la folitude donne
au teint des Religieufes une frai-
cheur & un air d'embonpoint, dont
tout l'art des Dames mondaines
ne fçauroit approcher.   Elle fut
furprife de voir le Marquis avec
moi, car quoiqu'elle eût fouhaité
qu'il fût préfent à fa profeffion, elle
n'avoit ofé lui écrire ni me propofer de le faire pour elle.   Je lui
dis ; vous étes donc à la veille,
ma chere niéce, de ce grand jour
qui va vous féparer éternellement
du monde.   Rien n'eft donc capable d'ébranler vos réfolutions.
Elle me répondit que la cérémonie qu'elle alloit faire, n'étoit qu'un
rénouvellement exterieur de ce qui

étoit

étoit conclu depuis un an dans son cœur. Il est encore tems néanmoins, repris-je, de vous défaire de vos liens s'ils peuvent vous devenir incommodes. Examinez de nouveau le fond de votre ame, consultez vos forces, songez que le Ciel n'accepte que les offrandes volontaires. L'offrande est faite, repliqua-t-elle, d'un ton ferme, & s'il suffit qu'elle soit volontaire pour être acceptée, je ne doute point que le Ciel n'ait reçu la mienne avec misericorde. Le Marquis nous écoutoit sans oser lever les yeux sur elle : cependant il trouva quelque chose de si dur pour lui dans ces derniers mots, qu'il ne pût s'empêcher de l'interrompre avec un soupir ; Ah ! Madame, lui dit-il, est-il possible que l'état où vous me reduisez, ne vous cause pas le moindre regret ! Vous m'ôtez donc la seule consolation qui pourroit flatter une excessive douleur & vous me remettez dans la nécessité d'avoir recours à la mort pour me délivrer de mes peines !

M 7

nes ! elle tourna les yeux vers lui
pour lui répondre, que s'il avoit
toujours la bonté de conſerver
quelque affection pour elle, il n'y
avoit rien d'affligeant pour lui dans
l'expreſſion qu'elle avoit employ-
yée, que ſon ſacrifice étoit ſans
doute libre & volontaire, mais
qu'il n'ignoroit pas de quoi le Ciel
s'étoit ſervi pour lui inſpirer cette
volonté ; qu'elle avoit deux motifs
qui lui faiſoient regarder la ſolitude avec joye ; l'un d'avoir ſçû
lui marquer qu'elle n'étoit peut-
être pas indigne de l'eſtime qu'il
avoit euë pour elle, par la prom-
titude avec laquelle elle s'étoit renduë juſtice, lors qu'elle avoit reconnu qu'il étoit impoſſible qu'elle fût
à lui: & l'autre d'avoir été aſſez heureuſe pour expliquer cette impoſſibi-
lité comme une marque de vocation
à la vie religieuſe, & d'avoir obtenu
du Ciel la force d'y répondre ſans
balancer. Le Marquis ne ſe fit
plus entendre que par ſes ſoupirs.
Notre converſation étant finie je
baiſai la main de ma niéce ; & je
la

la préfentai moi - même au jeune amant, qui penfa rendre l'ame en faifant la même chofe.

Le lendemain qui étoit le jour de la cérémonie, il me parût fi preffé de douleur que je ne lui confeillai point de fe rendre avec nous à l'Eglife. Il demeura feul dans fa chambre, où je vins le réjoindre le plutôt qu'il me fut poffible. Je le trouvai dans un abbatrement que je reuffirois mal à exprimer. Son vifage étoit pâle & fes yeux mouillez de larmes. Je le confolai par toutes les raifons, dont j'avois reconnu qu'il étoit le plus touché. Nous paffâmes encore quelques jours à C . . . , pendant lefquels nous eûmes plufieurs fois le plaifir de voir ma niéce. Le Marquis étoit de toutes nos vifites ; mais il y portoit la trifteffe. Il y parloit peu. Il regardoit Nadine en foupirant. Il paroiffoit émû, lorfqu'il l'entendoit parler. Il fe levoit quelquefois tout d'un coup, & il fe remettoit auffitôt fur fa chaife, comme s'il eût eu honte de ce mouve-

vement involontaire. Il sembloit
qu'il fût au bord d'une mer profonde qui le séparoit d'elle, & que
la voyant dans l'éloignement il se
portât vers elle par ses désirs,
tandis qu'il se consumoit de la
douleur de ne pouvoir en approcher.

Nous retournâmes ensemble à
ma solitude. Je l'y retins pendant
quelques semaines, & je l'engageai à se rendre à Paris, lorsque je
le crus en état de paroître dans
le monde avec bienseance. Du
caractere dont je connois ce tendre & aimable Seigneur, je ne
coute point qu'il ne conserve le
souvenir de ma niéce jusqu'au
tombeau.

Mes jours se sont passez depuis
ce tems-là dans une parfaite tranquilité. Je suis avec constance
l'ordre de mes exercices. Les personnes avec lesquelles je vis, sup-
portent charitablement mes foi-
blesses & les infirmitez de mon
âge. La mort que j'attens à toute
heure ne me cause nul effroi ; je

la regarde comme le commencement d'une vie plus heureuse. Chaque moment qui m'en approche
me paroît autant de gagné sur mes
espérances. Je compte les heures
avec une joye avide, & mes sentimens changeront beaucoup si je
n'entends pas sonner volontiers la
derniere.

Le Ciel permet que j'aie quelquefois l'occasion d'exercer de
bonnes Oeuvres. Il y a quelques
mois que deux personnes de qualité du voisinage prirent querelle
sur un different fort leger. Leurs
amis prévinrent le combat particulier qu'ils méditoient, & ils me
prierent de leur servir de media-
teur. Je me chargeai avec joye
de cette entreprise. L'offencé me
couta beaucoup à pacifier. Je lui ré-
presentois en vain que sa haine & ses
projets de vengeance excedoient
l'offence legere qu'il avoit reçuë;
qu'il y avoit de l'injustice par con-
séquent dans ses desseins, & qu'en
ne considerant même que les loix
du monde, l'excez auquel il vouloit

ſe porter ne ſeroit point approuvé des honnêtes gens. Mes raiſonne-
mens ne l'ébranloient point.   Un
trait de morale, qui m'échapa dans
l'entretien que j'avois avec lui, le
diſpoſa tout d'un coup à la paix.
Ne voyez - vous pas, lui dis - je,
que votre honneur n'étant point
bleſſé eſſentiellement dans cette
querelle, tout l'avantage eſt de
votre côté ?   Votre ennemi s'eſt
abaiſſé au-deſſous de vous en vous
offençant ;   car celui qui fait une
offençe à quelqu'un, lui accorde
une véritable ſuperiorité ſur lui en
lui donnant le pouvoir de la pardonner.   Cette réflexion fut tellement de ſon goût, qu'il conſentit
ſur cette ſeule raiſon à ſe reconcilier.

Il ne me reſte à ajoûter à ces
Memoires qu'un ſouhait en faveur
de mon Ouvrage, puiſſe-t-il être lû
du public avec des vûës auſſi innocentes que les miennes le ſont en
écrivant ! Je ne le deſtine point à
être imprimé avant ma mort. La
publication des deux prémieres par-

ties

ties n'a que trop inspiré l'envie de me connoître ; & soit curiosité, soit compassion pour mes infortunes, elle m'a attiré la visite de quantité de personnes étrangeres. Je ne veux plus que cette curiosité se reveille. D'ailleurs je doute que cette derniere partie puisse être imprimée en France avec l'approbation des Inquisiteurs de la presse.

Fin du Tome VI.